龙藏在云里 你藏在心里

沈从文与张兆和

庄莹 著

中国文史出版社

图书在版编目（CIP）数据

龙藏在云里，你藏在心里：沈从文与张兆和 / 庄莹著．
-- 北京：中国文史出版社，2018.6
ISBN 978-7-5205-0781-3

Ⅰ．①龙… Ⅱ．①庄… Ⅲ．①沈从文（1902–1988）—生平事迹 ②张兆和—生平事迹 Ⅳ．① K825.6

中国版本图书馆 CIP 数据核字（2018）第 259484 号

责任编辑：徐玉霞

出版发行：中国文史出版社
社　　址：北京市海淀区西八里庄 69 号院　邮编：100142
电　　话：010–81136606　81136602　81136603（发行部）
传　　真：010–81136655
印　　装：北京地大彩印有限公司
经　　销：全国新华书店
开　　本：32 开
印　　张：7.625
字　　数：150 千字
版　　次：2020 年 3 月北京第 1 版
印　　次：2020 年 3 月第 1 次印刷
定　　价：49.80 元

目　录

第一章　人生天地间……………………………… 001

1. 穿越洞庭，翻阅一本大书………………………… 001

2. 生事如转蓬………………………………………… 005

3. 冠盖满京华，斯人独憔悴………………………… 010

4. 志摩的欣赏………………………………………… 015

第二章　云深不知处……………………………… 019

1. 钱倒是真应当有的………………………………… 019

2. 理想主义的破灭…………………………………… 022

3. 去往吴淞中国公学………………………………… 024

4. 一个正当最好年龄的人…………………………… 028

第三章　愿得一心人……………………………… 035

1. 不知道为什么我忽然爱上了你…………………… 035

2. 不要让一个小女子夸口说她曾碎了沈从文的心…… 041

3. 人生如逆旅，我亦是行人…………………………… 046
4. 死别与生离………………………………………… 054
5. 城中相识尽繁华…………………………………… 058

第四章　落花人独立………………………………… 061
1. 我心如磐石………………………………………… 061
2. 只为叫你的名字——三三………………………… 064
3. 风流总被雨打风吹去……………………………… 068
4.1931 年 11 月 19 日………………………………… 073
5. 人散后，一钩新月天如水………………………… 075

第五章　思君如满月………………………………… 079
1. 三十岁的某一天…………………………………… 079
2. 月下小景…………………………………………… 081
3. 乡下人，喝杯甜酒吧……………………………… 084
4. 张家二姐做新娘…………………………………… 087

第六章　春风和烟雨………………………………… 090
1. 我们的莎乐美公主………………………………… 090
2. 黄花与绿草………………………………………… 096
3. 幸福无量…………………………………………… 098
4. 时代旋涡中的丁玲………………………………… 105

第七章　明月应笑我…………………………………………111
1. 三三专利读物……………………………………………111
2. 你站在桥上看风景………………………………………116
3. 翠翠的译介与项美丽……………………………………118

第八章　烽火照京都…………………………………………122
1.1937 年，烽火与人家……………………………………122
2. 未解忆长安………………………………………………125
3. 千里飘零…………………………………………………128
4. 离别岁月多………………………………………………135

第九章　落叶他乡树…………………………………………141
1. 沈从文与西南联大………………………………………141
2. 张家姐妹…………………………………………………145
3. 跑警报……………………………………………………150
4. 美不常住，物有成毁……………………………………154

第十章　浮云一别后…………………………………………161
1. 耿马漆盒与宋明旧纸……………………………………161
2. 明年花发觅知音…………………………………………166
3. 桃红色的沈从文…………………………………………170
4. 霁清轩的夏天……………………………………………172

第十一章　四顾何茫茫…………………………………… 177
1. 中国往何处去………………………………………… 177
2. 我不毁也会疯去……………………………………… 180
3. 沈从文的自杀………………………………………… 188
4. 文字写作即完全放弃，并不惋惜…………………… 193

第十二章　狂风吹我心…………………………………… 197
1. 把一只大而且旧的船作掉头的努力………………… 197
2. 午门城头上的沈从文………………………………… 201
3. 客从何处来…………………………………………… 205
4. 坛坛罐罐，花花朵朵………………………………… 209

第十三章　樱花第几桥…………………………………… 218
1. 远处水云在有无间…………………………………… 218
2. 无从驯服的斑马……………………………………… 222
3. 喜新晴………………………………………………… 228
4. 著书老去为抒情……………………………………… 233

第一章　人生天地间

远山含翠，情深入墨。世间万般风景，落于字里行间，马不停蹄地张望。

总有那么一些瞬间，仿佛处于长潭的转折处突见满月，世界透亮，诗意盎然，玲珑剔透，恰如人海之中初见你。

1929 年，二十七岁的沈从文在中国公学的课堂上见到了外文系二年级女生张兆和，从此笔墨里有了相思。

“我行过许多地方的桥，看过许多次数的云，喝过许多种类的酒，却只爱过一个正当最好年龄的人。我应当为自己庆幸……”[1]

在遇见她之前，他在陌生社会里打发一大堆日子，走过石桥、看过白云、喝过美酒，但生平只看过一回满月。

正是那些孤独、寂寞、无助的生活，成就了1929年的他。

1. 穿越洞庭，翻阅一本大书

沈从文去向远方，在二十一岁那年 8 月的某天。

1　沈从文：《由达园给张兆和》，见沈从文：《沈从文全集》（第 11 卷），太原：北岳文艺出版社，2002 年，第 93 页。

如果终有一天要死去，不如多见几个新鲜的日头，多过几座新鲜的桥，在危险中用尽最后一点气力，比在战乱中无意被流弹打死要有意义得多。于是，他选择向更远处走去，向一个生疏世界走去。押上生命做赌注，来看一看究竟自己的支配是比命运的处置更合理一点还是更糟糕一点。“若好，一切有办法，一切今天不能解决的明天可望解决，那我赢了；若不好，向一个陌生地方跑去，我终于有一时节肚子瘪瘪的倒在人家空房下阴沟边，那我输了。”[1]

风起渡口，雨落寒塘，碧水绕山城，江湖多风雨，且作少年游。

四岁之前他始终健全肥壮如一只小豚，后由于生了一场疹子，完全改了样子，再与肥胖无缘。六岁上私塾，逃避书本而与自然相亲近，学会了用眼睛去看世界，而不是用一句话、一堂课或一本书。由于厌恶老教师教学方法的陈腐和头脑的顽固，于是，逃学成了习惯，撒谎也成了习惯。不必看用文字写成的小书，却应当去读那本用人事写成的大书。但是，要知道的太多，所知道的又太少。

凤凰是一个小城，小得精致而严密。于是，在里面的人，想着外面的世界很大；在外面的人，总怀念小城的美。凤凰一半在起伏的小山坡上，有峡谷、河流和古老的森林草地，城墙是石头的，墙外头有虹桥，层层叠叠地点缀着二十四

1　沈从文：《从文自传》，见沈从文：《沈从文全集》（第 13 卷），太原：北岳文艺出版社，2002 年，第 364 页。

间房子，晴天里晾着红红绿绿的衣服。桥下游有一座万寿宫，宫外有一座小白塔。于是，在桥上抬头看云，低头就能看到白塔的倒影。

小时候过于散漫，等稍稍长大一些已经成为特别懒于在学问上走路的一个人了。鞭策也不成。于是，沈从文十五岁当兵，家境衰败，既为了某一条出路，也为了收敛野性。平常人总说国难家仇，幼有大志，投笔从戎，但在当时却多是从戎而无法投笔的人。他随湘军离开了家乡，甚至十年不曾回去，但却常常生活在那个小城过去给他留下的印象里。

就像小时候去城头上看对河杀头，当兵后部队除了杀人似乎无事可做，兵士除了看杀人，似乎也是无事可做。

他开始读旧书，观旧画，对于民族浩荡不可感知的历史烟云，通过一片颜色、一块青铜、一堆泥土以及一组文字做成的种种艺术，皆得了一个初步的认识。二十岁的他常常躺在草地上一边看书，一边看云，直到把旧书看透，云在天上拖成了一抹浅浅的雾。也间或有些不安于现状的打算，为一些早已过去的或还未到来的事情苦恼，因此虽在一种极有希望的境遇下生活，却依然觉得异常寂寞。

总认为目前的一份生活不是自己想要的，但未来的万份可能却不知道该如何去寻。虽然想要的是什么还未曾明白，在明白之前，总要有自我选择的机会，不管到头来是凯旋还是败北，都不会只能埋怨命运的安排。

不知道什么样的选择是合适的，总觉得有一个目的、一件事业，让他去做，这事情适合他的个性和生活，但却不明白这是什么事业，又不知该用什么方法得来。

后来有了转机，部队试行湘西乡自治，建讲习所、办学、建林场、办实业，骤然有了崭新的气象，还设立了报馆，于是沈从文被调进报馆做了校对，在这里接触到了新学，为新的人生智慧光辉而倾心。他突然知道了在另一片土地同一束阳光所照及的地方的人，如何用他们的智慧，对当前社会做出检讨和批判，又如何幻想出一个未来社会的标准与轮廓。

“我想我得进一个学校，去学些我不明白的问题，得向些新地方，去看些听些使我耳目一新的世界。”[1]他愿意为理想受苦，愿意去寻一个更好的未来和更好的自己。

执念跟了他，从湘西凤凰到客居京华。

少年时的每一个选择都会影响未来的路，无论当时选择时是战战兢兢、掷地有声还是肆意妄为。在不成熟的年纪往往需要做出的选择，都在决定自己这一生的样子。

从湖南到北京，他用了十九天。终于离开了过去那种小小的环境，“转到了有骆驼、学生、京官和议员的北京了”。[2]

出了北京前门车站，三千年英雄气，八百里山河梦，

1　沈从文：《从文自传》，见沈从文：《沈从文全集》（第 13 卷），太原：北岳文艺出版社，2002 年，第 364 页。

2　沈从文：《一个人的自白》，见沈从文：《沈从文全集》（第 27 卷），太原：北岳文艺出版社，2002 年，第 12 页。

从此这里曾经那么遥远的风、雪、雨、霜，都与他息息相关，北京。

他从乡野到城市，本是由无疆戎马到四九之地，但却不知为何自己却从无所不能变得藐小可欺。竟是一瞬间的事。

沈从文来到北京西河沿一家小客店，在旅客簿上写下——“沈从文年二十岁学生湖南凤凰县人”。

“便开始进到一个使我永远无从毕业的学校，来学那课永远学不尽的人生了。”[1]

2. 生事如转蓬

这是个有一百万人的大都市，由总统府到天桥，由京兆尹到小店员，他没有一处熟悉的地方，没有一个熟悉的人，没有一件熟悉的事。没有任何一种方法可以把日子维持下去，没有一个人可以商量，没有一本书可以指引未来前行的路。

他脆弱、羞怯、孤独、顽野而富于幻想，一面随环境流转，一面依然希望从学习上找新机会。

原本以为前路如登塔，一条路且上前行。谁知生活每时每刻都展现出无限种可能，却又时时刻刻无路可走。北京那么大，个人的欢欣与沮丧都被湮没了。

1　沈从文：《从文自传》，见沈从文：《沈从文全集》（第13卷），太原：北岳文艺出版社，2002年，第365页。

但是，寂寞和迷茫依旧追随了他。

沈从文转到杨梅竹斜街酉西会馆的西厢房居住，经常从琉璃厂到天桥饱览沿途由古玩店、挂货铺所组成无比丰富的“文化博物馆”和“人文博物馆”，又几乎每天去宣武门内的京师图书馆分馆读书。来北京之前听信“半工半读”的宣传，但是现实把希望逐一破灭了。

“生命或生活，既为雨水固定在会馆中，似乎有所等待，其实等待的只是‘不可知’。一面茫茫然半天半天站在会馆门前欣赏街景，一面又回到湿霉霉小房子中，看床前绿苔和墙上水渍。”[1] 和面前的车水马龙完全隔绝，在乡下小河边、山坡上、太阳下做过的那些梦，也不免受雨水浸湿而变得模糊了。

从夏到冬，几丝杨柳残烟，同来的朋友已返回家乡。唯一的收获是结识一批大学生朋友，于是迁居北京大学附近的小公寓，旁听北大课程。

来京半年后，投考北京大学等国立大学失败，投考中法大学被录取，但却交不起二十八元的膳宿费而不能入学。还是得放弃。

时年，中法大学刚刚成立四年，为私立大学。沈从文报考的 1924 年，中法大学建立孔德学院，以法国哲学家孔德命名，即中法大学社会科学院。

1　沈从文：《一个人的自白》，见沈从文：《沈从文全集》（第 27 卷），太原：北岳文艺出版社，2002 年，第 13 页。

沈从文在离开军队时从军需处领取了二十七块钱，是他三个月的薪水。在1924年，八元相当于多少购买量，可以通过《鲁迅日记》中记录的日常生活作类比。一元钱，鲁迅日常所饮之茶能购买一斤，酱莴苣购买十斤，朋友结婚贺礼一到两元，全年每月平均书账八点二八六元，四尺竹床十二元，一匹汴绸十八元，北大薪水每月约十八元。二十八元膳宿费，在当年虽算不上巨款，但对于沈从文而言确是根本无力负担的。

“有谁在旧军阀时代，未成年时由衰落过的旧家庭，转入到一个陌生杂牌部队，做过五年以上的小护兵司书的没有？若你们中有那么一个人，会说得出生活起始，将包含多少辛酸。这也是人生？就是人生。我就充分经验过这种人生。这里包含了一片无从提及的痛苦现实。”[1]

生活进入半饥半饱的状态中，求学既无可望，求职亦无可望，唯一的是手中还有一支笔，可以自由处理一点印象联想和生活经验，来做求生的准备。于是，一边学习写作一边向报刊投寄，但是作品却始终得不到采用，各处试验皆失败了。

他曾把初期作品近百篇，向《晨报副刊》投稿，却变成了一则笑话传说。此时《晨报副刊》主编孙伏园，将沈从文的几十篇文章，粘连成一长幅，在便宜坊请客吃烤鸭时，

1 沈从文：《一个人的自白》，见沈从文：《沈从文全集》第27卷，太原：北岳文艺出版社，2002年，第9页。

当着林语堂、钱玄同、周作人等一众人的面开玩笑说：“这是个大作家沈某某写的。”然后撕得粉碎，投入纸篓完事。“这事有人明见到，熟人说来总为大抱不平，我却满不在乎，以为开开这种低级玩笑，好无损于我的向前理想。”[1]当然说这话时，已是1976年。

这一玩笑事，沈从文曾在很多书信、文章中回忆早年创作时多次提及，怕是难以释怀。

早岁已知世事艰。

诸事无望的沈从文，虽不至卧雪眠霜，但停留在冬月单衣、温饱口粮之上的生活艰辛，与憧憬中的理想和新知，有云泥之别。完全游离在生活之外，甚至比数年前在辰河流域小县城游荡时的情形还更孤独、更无可奈何。但内心深处依然有不甘，那隐秘、无望、少人理解的不甘。北京的天地更广，幻想更宽，寂寞也就更大了。

梦里荣华，飘忽却还是枕中之客。“这是个有一百万人的大都市，由总统府到天桥，由京兆尹到小店员，我没有一处熟习的地方，没有一个熟习的人，没有一件熟习的事。手和心都空空的，寄住在杨梅竹斜街一个小会馆西厢房里。”[2]仿佛独行于旷野，穷困、孤独以及“不可知”的希望，成为沈从文创作的底色和梦魇。

---

1 沈从文：《1976年秋 致王千一》，见沈从文：《沈从文全集》第24卷，太原：北岳文艺出版社，2002年，第468页。

2 沈从文：《一个人的自白》，见沈从文：《沈从文全集》（第13卷），太原：北岳文艺出版社，2002年，第12页。

可惜，时人不识凌云木。

他在北京等于一粒灰尘。

在困顿中，沈从文曾给一些名流作家教授写信寻求谋职帮助。

生活的转机发生在1924年11月13日，郁达夫到庆华公寓专程看他。16日，郁达夫在《晨报副刊》发表《给一个文学青年的公开状》，写给沈从文这样一个“白脸长身，一无依靠的文学青年”。分析了沈从文的理想，并指出其中的不可行性。在当时的社会环境之下，郁达夫虽同情他的处境，却嘲笑了他“简单愚直”的想法。

此时的郁达夫也处于人生的低谷，满怀希望地从日本回国，但现实却是满目疮痍，虽有北京大学教职但并不足以支撑体面的生活，教书薪水额面上有一百十七块，但实际上拿到的只有三十三四块。郁达夫的文章也不过是借沈从文之事抒个人之沉郁。

引诱你到北京来的，是一个国立大学毕业的头衔，你告诉我说你的心里，总想在国立大学弄到毕业，毕业以后至少生计问题总可以解决。现在学校都已考完，你一个国立大学也进不去，……在这时候这样的状态之下你还要口口声声地说什么大学教育，“念书”，我真佩服你的坚忍不拔的雄心。……像你这样一个白脸长身，一无依靠的文学青年，即使将面包和泪吃，勤勤恳恳地在大学窗下住它五六年，难道你拿毕业文凭的那一天，天上就忽而会下起珍珠白米的雨来的么？[1]

初来北京时，在西河沿小客店旅客簿上写下的"学生"身份，终究未能实现。

但是郁达夫的到访，是沈从文写作生活的第一束光亮。在郁达夫的推介之下，一周之后的12月22日，沈从文于《晨报副刊》发表散文《一封未曾付邮的信》，是他第一篇公开发表的作品，而《晨报副刊》也成为刊载他早期作品最多的刊物。

《一封未曾付邮的信》可看作是《给一个文学青年的公开状》的姊妹篇。一个陌生少年，在这茫茫人海中，寻求一个微弱的帮助。

充满了童心幻念的他来到北京，沈从文从标点符号学起，到第一次在报刊上发表小文章。他终于找到了一扇门，门内是登塔的楼梯。

3. 冠盖满京华，斯人独憔悴

环境永远在变，于是生命不得不随同流转。在各种失业和穷困的情绪笼罩下，做无定向的流转。"小客店的寄寓，

1　郁达夫:《给一位文学青年的公开信》，晨报1924年11月，第16期。

长时期的落雨，陌生的人，无情的社会，我如一个无固定性的小点置身其间。”[1]

一切俱无，朋友或工作，希望与等待，什么都没有。“维持生命除空气就只是一点否定精神，不承认精神。”于是，“就用那点仅有机会，仅有空闲，读了一堆书，并消化了它，完全反复消化了它。”[2]

1925年，生活尽是转机。

开始有作品时见报端，各类文体均有所涉及，发表作品60多篇，同样热衷参与北京文坛论争。

喧嚣的北京，他开始登场。

1月30日，《晨报副刊》连载日记体短篇小说《公寓中》，连载意味着未来的一段时间里，沈从文都能收到即便微薄但带来新生希望的稿费。

“当时连叫花子也结成帮，有帮的规矩。这个街道归我管，你想进也进不去。”[3] 作为一个没有师承、没有学院背景和留学经验的“乡下人”，在20世纪20年代的文化空间中，意味着被精英序列拒斥在外，也意味着没有师长、同学等社会关系网络可以依靠，处于“离群”的边缘位置。

---

1 沈从文：《一个人的自白》，见沈从文：《沈从文全集》（第27卷），太原：北岳文艺出版社，2002年，第11页。

2 沈从文：《一个人的自白》，见沈从文：《沈从文全集》（第27卷），太原：北岳文艺出版社，2002年，第12页。

3 [美]金介甫著，符家钦译：《沈从文传》，北京：国际文化出版公司，2005年，第83页。

作品发表带来的另一个重要影响是因文识友。这一年每篇作品的发表都为他带来了过从甚密的师友。这是这一年的重要之处。

那个名为休芸芸的无名作者，还没有引人注意的光辉，因为写文章而认识了一些最初的朋友，并得到了对方的回音。这些友谊，决定了他此后的方向。

相逢于微时，借此度过生命的荒芜。

4 月，因稿件在《京报 · 民众文艺》发表，结识编者胡也频和其女友丁玲，并在此后的黯淡岁月里与其二人成为挚友。因为编辑胡也频的到访，他们谈了很多空话，喝了很多开水，以至于沈从文把生活的困难以及此后的一切都暂时忘掉了。

5 月，北京大学哲学系教授林宰平，以“唯刚”的笔名在《晨报副刊》“五四运动纪念号”发表文章《大学与学生》，文中以大学生文章作者“休芸芸”为例，赞其文采动人，“休芸芸”正是沈从文的笔名。因被误认作大学生，沈从文发表《致唯刚先生》以回应，文中讲述了自己的经历，在自嘲中也有着些许的得意。在将“我”与“大学生”划开界限的背后，也有着求而未得之后的复杂心理，在揶揄的言辞之间也未尝没有对大学以及学生身份的潜在希冀。此文发表后，得到林宰平教授的勉励和帮助，毕生以师长敬称。在林宰平的介绍之下，他接连换了多份工作，在京兆尹薛笃弼秘书室担任过两个月的书记，在熊希龄创办的香山慈幼院任图书管理员。

为生存各方谋职，在北京大学丁西林的介绍下进入创办不久的《现代评论》兼作发报员，虽然收入微薄，但在此与陈西滢、杨振声、赵其文等相熟，并在此后开始有作品大量发表于《现代评论》。

9月，因致信徐志摩，应邀至其居住的松树胡同七号拜访。

沈从文结识徐志摩时，这位康河柔波里的诗人，是天空的一片云。他穿浆得笔挺的尖领衬衫和钉了三颗扣子的毛料夹克，手里时常拿着一根燃着的香烟，而不是一把折扇，喝的也是加了糖和奶的淡色浓茶。他的乡愁给了康桥，他是北京的异乡人。这位刚从德国匆忙返回的诗人，第一本诗集《志摩的诗》自费由中华书局出版。

这时的徐志摩，刚刚痛失幼子彼得。大约没有痛并肝肠入，也没有泪落襟袖湿。“假如我这番不到欧洲，假如我在万里外接到你的死耗，我怕我只能看作水面上的云影，来时自来，去时自去：正如你生前我不知欣喜，你在时我不知爱惜，你去时也不能过分动我的情感。”[1]

早在1923年春天，跟随母亲张幼仪生活的彼得满周岁不久便查出身染疾病，医生推荐去瑞士就诊，但需付出高昂的医疗费用，由于无力支付，只有看着彼得一天一天地

1　原题：《追悼我的彼得》，《现代评论》第2卷第36期，1925年8月15日，后收入散文集《自剖》，上海：新月书店，1928年1月初版。

被病痛折磨，每夜都无法安睡，日渐虚弱，一步一步地走向死亡，再也不能回到他远在中国的家。这样的日子，持续了两年的时间，1925 年 3 月 19 日，徐志摩与张幼仪的幼子彼得离世，这一天距离他三岁生日不足一个月。3 月 26 日，距离彼得过世七日之后，徐志摩抵达柏林。

这一年的徐志摩，经历了此一大悲，另一大喜。

大喜便是与名闻九城的陆小曼陷入伟大的恋爱。她眼波流转，真挚热烈，宛若胭脂桃花，只是早有夫婿。二人之事一时轰动，徐志摩欧洲一行，也有暂避风头之意。这一次，他依然恋山恋水恋须臾，绿翠环绕，醉过牡丹。8 月，陆小曼病，电催返国。

初次见面时，徐志摩为沈从文朗诵他写的两首新诗，如同一个多年旧识。是已到深秋还未大冷的时候，松树胡同七号一所不大的洋房，住处后有个小院落，齐腰栏杆边放上几盆菊花和秋海棠，一面墙上挂满了绿叶泛黄的爬墙虎。

徐志摩，如云中鹤，山中竹，蕴华含英。

“我这么一个打烂仗出身的人，照例见生人总充满一种羞涩心情，不大说话。……他的随便处，过不多久就把我在陌生人前的羞涩解除了。”[1] 此后，在徐志摩的介绍下，沈从文结识了诸多新月派作家，例如闻一多、罗隆基、潘光旦、叶公超等。进入了精英知识分子的交际空间，曾经

1 沈从文：《回忆徐志摩先生》，见沈从文：《沈从文全集》（第 27 卷），太原：北岳文艺出版社，2002 年，第 436 页。

初到大城市寄住小会馆西厢房的困窘，开始有了改观。

虽然改观更多的来自精神上，而并非经济上。他选择了一条并不好走的路，也走了一段寂寞的长途，终于寻到某些印证，确信那些蓬勃生长的理想可以继续下去。写成的文章能够付印，付印后能够有人愿意阅读，便是最大的报酬了。

当时沈从文的稿费是一千字三毛五，虽有稿费但却比抄写文稿的酬劳还低，抄写的市价约千字五毛。即便如此，每月去晨报馆领四到十二元的稿费时，都得给门房两角到三角钱，才让他进去。有时袋中并无零钱，门房便指点换钱的铺子，一定把那数目的钱索去才让他离开。这样一来，每个月就有五百字的稿费被门房拿了去。

4. 志摩的欣赏

1925 年 10 月 1 日，徐志摩正式接任《晨报副刊》的主编，将沈从文与胡适、闻一多、陈源、郁达夫等人并列为约稿作者。而此时，自徐志摩识见沈从文，还不足一月的时间。

《晨报副刊》与《时事新报·学灯》《民国日报·觉悟》以及《京报副刊》并称为五四时期的四大副刊。徐志摩之前一任主编是北京大学毕业的孙伏园，孙伏园曾求学于绍兴初级师范学堂，当年的校长便是鲁迅，不仅如此，鲁迅有时还代国文课，而英文课的老师便是鲁迅的二弟周作人。晨报社的撤稿事件，直接导致了孙伏园的负气出走，才有了另寻主编徐志摩的努力。那晨报社在未告知孙伏园的情况下，在已发排的大样中拿掉的稿件便是鲁迅著名的拟古打油诗《我的失恋》。

11 月 11 日，《晨报副刊》转载沈从文的散文《市集》，主编徐志摩还为文章配写了一段附记，名为《志摩的欣赏》，认为："给这类的作者，批评是多余的，因为他自己的想象就是最不放松的不出声的批评者。奖励也是多余的，因为春草的发青，云雀的放歌，都是用不着人们的奖励的。"[1]

在发表了一些文章，参与了一些论争之后，沈从文依然做过再寻初心的努力，找一个学校，做一个新式学生。还参加过燕京大学特别安排的入学考试，考试内容是以口试方式考核历史、哲学、文学。但因为他不适应学院式问答，即便最熟悉的李商隐诗等问题答来也张口结舌，被判为零分，预交的两元报名费被退还。"要我在一件事上生五十种联想，我办得到这个事，并不以为难。若是要我把一句书念五十遍，到稍过一时，我就忘掉了。为这个我自己也很窘。"[2] 读大学的尝试再次落空。

那就做自己最擅长的事吧，就是做文章。索性辞了香山慈幼院的工作，以写作为生。依靠报刊作品稿费为生的沈从文，成为中国最早的职业作家。北新书局出版了他的第一本

1　徐志摩:《志摩的欣赏》,见韩石山编:《徐志摩全集》(第二卷·散文)，天津：天津人民出版社，2005 年，第 254 页。

2　沈从文：《阿丽思中国游记·后序》，见沈从文：《沈从文全集》(第 3 卷)，太原：北岳文艺出版社，2002 年，第 4 页。

多文体作品集《鸭子》。但是，经济的困顿依然是影响他创作的最大阻力。特别是1927年夏，母亲和九妹岳萌为避战乱，从湘西到北京，三人同住公寓，经济负担愈是加重。

在长期的苦恼中沉溺，期待救援，置诸温暖。生活的来源主要依靠稿费，每月从旧识的朋友和编辑那儿，领到稿费收入用以应付住处和生活的一切。然而随着中国政治格局的南移、上海作为中国出版业中心的形势渐趋明朗，以及新月派知识分子的南迁，沈从文原有的文章发表和公共交往的圈层均受其影响，在给徐志摩的信中讲述的也多是金钱和穷困之事。

在北方，《京报副刊》已不复存在，《晨报副刊》编者已不是徐志摩，其他刊物或已迁上海，或已停顿。在南方，《现代评论》已迁至上海，北新书局已迁上海，新月书店已开业，《小说月报》由于更改编辑方针开始启用沈从文的文章。京沪盈亏，已相当明朗，于是四月里，沈从文离开了北京，把一点简单的行李同一个不甚结实的身体搬移到了上海。

其实，也不独沈从文一人遇此颠沛生活，徐志摩也并不例外。回硖石老家，本来是“归来乡里，遂尔隐避。新居有楼，小霞可望，早晚清静，正好工作”。[1]但是硖

1　徐志摩：《致刘海粟》（1926年10月15日），见韩石山编：《徐志摩全集》（第六卷·书信），天津：天津人民出版社，2005年，第18页。10月13日给张慰慈的信件中写有“我等尚流寓在沪，硖石新屋布置将次就绪，约十月初可以进屋，小曼在此大好，能吃能眠，一无病痛，螃蟹汤圆但吃无妨，在与京时已判若两人，奇哉。”（见韩石山编：《徐志摩全集》第六卷，第52页）

石的“蟹和红叶”也未能助诗兴，到硖石一个月，“小曼旧病又发作，还得扶病逃难，到上海来过最不健康的栈房生活”。[1]1926—1928 年，原本居于北京的文化人纷纷南迁至上海，致使中国的文化中心出现南移，成为中国思想文化史上的一次历史性迁徙。

从北京到上海，是一个礼拜。这一个礼拜的见闻，使他这个闭门而坐的人承认自己最是容易误解这个时代。

满心期待，却失意满怀，心意成灰。

孤单却又害怕热闹，愁引病增加。

从北京至上海，经济生活依然困窘。幻想中的万千气象，留到最后还是个“钱”字。

人人都说艺术随着时代跑，而不是在前，即便在前也要像“打旗子的引元帅出马的跑龙头套模样的人”，而我怕的是“我不能这样作便无法吃饭”。[2]

他身处时代洪流之中，不是顺势而为，也不是逆流而上，而是时代洪流的异路人。

---

1 徐志摩：《致胡适》（1927 年 1 月 7 日），见韩石山编：《徐志摩全集》（第六卷·书信），天津：天津人民出版社，2005 年，第 249 页。

2 沈从文：《南行杂记》，见沈从文：《沈从文全集》（第 11 卷），太原：北岳文艺出版社，2002 年，第 84 页。

第二章　云深不知处

1. 钱倒是真应当有的

1928年的旧历除夕夜是1月22日。沈从文到上海大约半月后，便是旧历年。

这是上海特别市成立后的第一个农历春节，而这一年的上海也格外忙碌，诸多报刊于上海创办。其中有中国国民党机关报《中央日报》、中共中央机关报《红旗》，还有《扬子江》《平报》《龙报》等各类报刊多达一百五十余份。

一种现代都市文化正在崛起，气象万千。香烟、照相馆、电影院、自来水、百货公司，是俗世上海；民族、革命、热血、罗曼蒂克，是圣城上海。自由、开放，海纳百川。

1928年的上海，是桃红翠绿，是鲜衣怒马，是快意江湖，是有风有诗酒八两。

但是住在法租界善钟路善钟里三号楼上的沈从文，只有病来做伴，常常觉得倦于应付生活。战乱四起，钱却与此相反，并无处可寻，回湘西过年并无希望。“着急到像上炉的鸡。全是无法子，人也是，钱也是。”[1]

1　沈从文：《南行杂记》，见沈从文：《沈从文全集》（第11卷），太原：北岳文艺出版社，2002年，第78页。

上海好像哪里都不如意，2 月 1 日起沈从文开始在《晨报副刊》连载发表《南行杂记》系列文章，“不比北京”是其中反复出现的怨尤，“我想我是不适宜于住上海的人”。

1928 年的上海，是属于枪炮和玫瑰的上海，连革命都披着爱情的面纱。那南京路上“顶好看的新式女人”，二马路的纸醉金迷，三马路的报馆写了多少海上繁华，四马路留下多少笔墨与章台的绝代风华，而沈从文只能“常常做着发财的梦”。“这世界，倒并不是真缺少做我妻子的人，也不一定是我貌太丑或是年老了，钱倒是真应当有的。”[1]

1928 年 3 月，《新月》创刊，沈从文开始连载童话体小说《阿丽思中国游记》。借了英国童话《艾丽思漫游奇境记》的外壳，讲述关于中国现实的观察，把社会沉痛融化到天真滑稽中去。英国作家加洛儿的《艾丽思漫游奇境记》，1922 年由商务印书馆出版，赵元任翻译。徐志摩任《晨报副刊》主编时将赵元任列为撰稿人之首。虽然沈从文说是“很随便地把这题目捉来”，但其实也暗含着与文坛同道有迎有拒的唱和。那本是写给九妹看的小故事，有兔子先生和阿丽思，却成了发泄个人沉郁之情的树洞，没有办法融化得圆软一些。

《阿丽思中国游记》自 3 月开始在《新月》连载至 10 月。

新书局广泛兴起，出现了现代、春潮、复旦、水沫、

1　沈从文：《南行杂记》，见沈从文：《沈从文全集》（第 11 卷），太原：北岳文艺出版社，2002 年，第 83 页。

开明等书局，“在一种谈及时使人极不愉快的刻薄报酬下，我们供给了它们少些稿件，它们便送给我们一些钱”。[1]这一年的沈从文除了发表四十余篇作品外，各类书也出版了十余种，数量不可谓不多。但是却时常无法按时得到应有的报酬，于是不得不低头，现实生活也依然是非钱不可。

12月，沈从文致信徐志摩，希望从《新月》预支一部分稿费。“新月方面不能为从文设点法，眼前真不成样子。因穷于对付生活，身体转坏，脾气亦坏，文章一字不能写。自己希望也不为过奢，但想得一笔钱应付各方，能安安定定休息一个月，只要有一个月不必在人事上打算，即是大幸福，……最低限度我总得将我家中人在挨饿情形中救济一下。实在没有办法，在最近，从文只好想方设法改业，文章赌咒不写了。”[2]字里行间是执拗和气闷，天分和努力都不能使生活有所改观。又该如何继续。“使我活下来的并不是名誉这样东西，这自觉，把我天真及其余美德毁灭完了。”[3]

12月，是沈从文的生日月，他即将26岁。人过了25岁，时间好像过得特别快，三五年就像是一生，三五年也像是过完了一生。

1　沈从文：《记胡也频》，见沈从文：《沈从文全集》（第13卷），太原：北岳文艺出版社，2002年，第28页。

2　沈从文：《1928年12月4日致徐志摩》，见沈从文：《沈从文全集》（第18卷），太原：北岳文艺出版社，2002年，第11页。

3　沈从文：《1928年12月4日致徐志摩》，见沈从文：《沈从文全集》（第18卷），太原：北岳文艺出版社，2002年，第12页。

2. 理想主义的破灭

又是旧历年。

到上海已整整一年，没有春风得意马蹄疾，也没能一日看尽长安花。谨慎卖文为生，却常遇出版单位拖欠克扣稿费，甚至破产停办之事。即便发表的作品越来越多，却依然没法仅靠写作活下去。刚过 26 岁生日就感慨“自己真是中年无用人了，除去牢骚，所谓生活，就剩余无多了”。[1]

身体不好时就想回北平住，可是却不知道自己什么时候才可以来去自由。

> 一种错误的轻蔑，从别个人的脸嘴上，言语上，行为上，要我来领受，我领受这个像是太多了点了！使我生到这世界上感到凄凉的，不是穷、不是没有女人爱我、是这个误解的轻视。……爱不是我分内所有的爱，憎也不是我分内所有的憎，我是就那么在这冤周中过活！[2]

此时的沈从文已搬至法租界萨坡赛路 204 号（今淡水路）居住，萨坡赛路是卢家湾的一条小马路，全长约 1000 米。

1　沈从文：《1929 年 1 月 30 日复程朱溪》，见沈从文：《沈从文全集》（第 18 卷），太原：北岳文艺出版社，2002 年，第 15 页。

2　沈从文：《阿丽思中国游记·后序》，见沈从文：《沈从文全集》（第 3 卷），太原：北岳文艺出版社，2002 年，第 5 页。

穿过霞飞路，便是老式的石库门。

与沈从文共同居住的是好友丁玲和胡也频。此时由于《中央日报》总编辑彭浩徐过去是《现代评论》的熟人，于是将副刊交与了胡也频出面编辑，沈从文和丁玲也协助编务。三人商量将副刊定名为《红与黑》。虽然《中央日报》是国民党中央党报，但在比较宽松的政治环境下，彭浩徐对副刊也比较放得开，采取的是纯文艺的路线。

在夏夜的上海，月光照着这座既新且旧的城市，使它的繁忙与慵懒都带着万种风情。每晚三人都到望平街那个摇摇欲坠的楼上，去送编辑好的稿件，同看完最后的清样，再沿路返回，期待明天的油墨香。

一个万象更新的时代，新事物出现得快，往往结束得也快，盛衰盈亏皆在反手间。由于国民党的文艺政策调整，《中央日报》副刊《红与黑》存在三个月之后停刊。

《红与黑》创刊于 1928 年 7 月 19 日，停刊于 1928 年 10 月 31 日。从夏至秋，从萨坡赛路到望平街，每日来回，青布衫上浸满了桂花香。

关于《红与黑》的停刊，来不及感怀，因为黄鹤高飞。由于有了办刊经验，此后，人间书店又请他们三人编辑月刊，而他们又都有成立出版社的打算，名字就叫红黑。于是《人间月刊》产生了，《红黑月刊》也产生了。

生活突然间忙碌起来，印刷、编辑、付印、邮发，在十分卑微里努力，事事亲力亲为。第一期刊物在一个礼拜内就卖出近一千份，“许多作者都以为我们这刊物合乎一个理想的标准”。[1]

但是一个理想主义的开头，往往最后就变成一个实验主义的样本。

由于经营不当，《人间月刊》出版四期后停顿，《红黑月刊》出版八期后不得不结束，换来了一个意料中的失败。“我们早知道在上海一切竞卖的情形下，这刊物不能赚什么钱。”[2]不仅摆脱书店老板盘剥稿酬的理想破灭，反而深陷债务泥沼。使沈从文灰心的，不仅仅是刊物的失败，而是办刊一事证明了此后的命运，那就是使文艺与商业分手，永远成为一种徒然的努力。

可是，有些事总要努力之后，才知道可期与不可得之间的距离与摇摆。

在那一年上海冷清的寒风中，春尚在迟迟。

3. 去往吴淞中国公学

1929 年，在办刊失败后，经徐志摩的推荐介绍，沈从文与胡适相识，两人均为徐志摩的座上宾。此时，胡适担任上海吴淞中国公学校长，为缓解沈从文的经济困难，在

1　沈从文：《记胡也频》，见沈从文：《沈从文全集》（第 13 卷），太原：北岳文艺出版社，2002 年，第 30 页。

2　沈从文：《记胡也频》，见沈从文：《沈从文全集》（第 13 卷），太原：北岳文艺出版社，2002 年，第 32 页。

徐志摩和胡适的帮助之下，破格聘用沈从文为中国公学的讲师，开设新文学和小说习作课程。

1929 年 6 月，沈从文致胡适信，表达教书的意愿和能够胜任的课程。在这封信中写道：“从文其所以不敢作此事，亦只为空虚无物，恐学生失望，先生亦难为情耳。……任何时学校方面感到从文无用时，不要从文也不甚要紧。”[1] 言语间有期待，但更多的是惶恐和不安，无法尽从容。

教职不仅仅是一种社会身份，更是安身立命的基本保障。也正如沈从文所说：“那个时节的风气还不许可文学得到什么东西，鲁迅当时若果弃去了他的教育部佥事，同大学校的讲师职务，云专靠译作生活，情形也一定过得十分狼狈，十分可笑。”[2]

同月，沈从文在给父亲沈宗嗣的信中亦提到进大学教书一事，一月薪酬一百七。虽然教书与目前职业作家生活相比要拘束，但毕竟是目前境遇之下最好的选择。

校长胡适破格聘请没有学历的沈从文至中国公学教书，也不全为看重沈从文的创作才气，以及从私谊角度帮助解决沈从文的生活困境，更重要的是他所倡导的教育理念与此息息相关，将文气融入大学环境中，鼓励学生写作并形成浓厚的创作氛围。

1 沈从文：《1929 年 6 月 1 日致胡适》，见沈从文：《沈从文全集》（第 18 卷），太原：北岳文艺出版社，2002 年，第 16 页。

2 沈从文：《记胡也频》，见沈从文：《沈从文全集》（第 13 卷），太原：北岳文艺出版社，2002 年，第 5 页。

在 1934 年旧历甲戌年元旦的日记中，胡适有更明确的表述：

> 偶捡北归路上所记纸片，有中公学生丘良任谈的中公学生近年常作文艺的人，……此风气皆是陆侃如、冯沅君、沈从文、白薇诸人所开。
>
> 北大国文系偏重考古，我在南方见侃如夫妇皆不看重。学生试作文艺，始觉此风气之偏。从文在中公最受学生爱戴，久而不衰。
>
> 大学之中国文学系当兼顾到三方面：历史的；欣赏与批评的；创作的。[1]

因为胡适自身的成长便是遵循着诗朋酒伴、文以立身的道理。与沈从文不同，胡适是早岁文章惊世人，少年得意。1917 年 1 月，胡适在《新青年》发表《文学改良刍议》，成为中国现代文学的开篇之作。同年，胡适结束自己在哥伦比亚大学的学业，匆匆归国，26 岁任北京大学教授，已是天下谁人不识君。

上海有一条中国最早修筑的铁路，叫淞沪铁路，从上海向北过江湾、吴淞到炮台湾。淞沪铁路见证了上海百年的荣辱兴衰以及战火烟云。中国公学就在第一站炮台湾和

1　胡适：《1934 年 2 月 14 日胡适日记》，见胡适：《胡适全集》（第 32 卷 · 日记），合肥：安徽教育出版社，2003 年，第 304 页。

第二站吴淞镇之间。

沈从文于中国公学任教两个月之后，在给好友王际真的信中说道：“我在此每一礼拜只教四小时课，人无聊，也只有成天生自己的气一件事可做，教书于我是完全不相宜的，明年当想其他办法。近月来人瘦得像鬼，一切事皆不能发生兴味，乃不知如何重新来做人。”[1]“无聊”成为此阶段信件中反复出现的词，心绪也难平，对于教书生活多是与好友抱怨之意，对于与学生无法相互理解的隔膜充满了压抑之情，却又无法言说。

沈从文大抵并不是一个适合教书的人。

韩愈说：师者，传道授业解惑。第一个字便是传，口耳相传、传情达意，传以示美人，但是沈从文并不是一个善于口头表达的人，还有很重的湘西口音，无法做到抑扬顿挫、妙语连珠、俯拾皆是。“我不会说话，人家听不懂而且说不出个所以然，没有条理，没有逻辑性的，是个抒情的。”[2]在人前说话是要有天分的，“我即或写了一百本书，把世界上一切人的言语都能写到文章上去，写得极其生动，也不会作一次体面的讲话。”[3]

---

1 沈从文：《1929年11月7日致王际真》，见沈从文：《沈从文全集》（第18卷），太原：北岳文艺出版社，2002年，第26页。

2 王亚蓉编：《沈从文晚年口述》，西安：陕西师范大学出版社，2003年，第125页。

3 沈从文：《由达园给张兆和》，见沈从文：《沈从文全集》（第11卷），太原：北岳文艺出版社，2002年，第90页。

他因此变成了中国公学的一则掌故。沈从文晚年曾经回忆，在中国公学第一次站在课堂上，有两个钟头一句话也说不出。但是学生们却没有把他赶下去，对他很客气，“因为我已经写了几十本书”。但是，他还是没有达到学生们所期盼的，能够教授一些写作的技巧。“学生慢慢地也失望了，原本总以为这里边一定有什么秘密会传授一些。其实没有，我只告诉他们要努力，一定会成功。结果大家都没兴趣了，所以没几个学生。但是对我很好，学生越少，对我越好，我好有时间写东西。”[1]

“我在学校功课实在是对付不好，因为我还是不知道爬上讲台上去说什么是同学有用的话，很多不安。”

4. 一个正当最好年龄的人

但是在中国公学的沈从文还是迎来了生活的转机，那便是遇见外文系二年级学生张兆和。

她皮肤黑黑的，头发剪得很短，算不上秀气，但天生灵气，无纤尘，有风骨，与想象中江南女子手如柔荑、肤如凝脂的样貌并不一样，是个如溪畔小鹿一般的女子。

张家祖籍安徽合肥，曾祖张树声，淮军将领出身，为晚清名宦，曾官至两广总督、通商事务大臣，平步青云。

1 王亚蓉编：《沈从文晚年口述》，西安：陕西师范大学出版社，2003 年，第 125 页。

宦海沉浮，他革故鼎新，以求军事和变法来维护长治久安。但逢乱世，风雨飘摇，自请解除总督职，专治军，光绪十年病逝于军中，谥号靖达。临终时尚痛陈国事，若朝廷尽穷变通久之宜，以奠国家灵长之业，则虽死之日，犹生之年也。

《清史稿》中有关于张树声的小传，可以算是名垂“清”史。

张树声育有九子，长子张云端曾任四川川东道台，但膝下无子，为有后人继承家业，将自己的侄子过继为儿子，便是张武龄。张武龄便成了合肥张家的长房长孙。

张云端去世后，张武龄回到安徽合肥张家老宅，当年合肥西乡的田大多是张家的，而东乡的田地都是李家的，李家便是李鸿章。

十七岁那年，张武龄与扬州陆家二小姐陆英成婚，“当时张家在安徽合肥是有名的官宦人家，又要娶名门之女，婚礼自然非常隆重。”[1] 陆家的嫁妆从扬州雇船运到合肥，张家所在的龙门巷外十里长亭摆满了嫁妆。

婚后张家在合肥生下了三个女儿。三女儿兆和出生时，母亲哭了，“因为奶奶只想添个孙子，不生男孩，奶奶不高兴。我的下面确有个弟弟，不幸在出生后夭折，全家不愉快。”[2]

1911 年辛亥革命后，张武龄认为在富足的大家族，

1 张允和口述，叶稚珊编撰：《张家旧事》，北京：生活·读书·新知 三联书店，2014 年，第 13 页。

2 张兆和：《儿时杂忆》，见张允和口述，叶稚珊编撰：《张家旧事》，北京：生活·读书·新知 三联书店，2014 年，第 85 页。

众多子弟很可能会坐享其成、游手好闲，甚至纵情声色，如果长久生活在这样的环境里，子女说不定也会沾染恶习。于是举家南迁，居于上海铁马路途南里一个石库门的房子。

张兆和五岁时，家中请来了女老师，姓万，无锡人，来时才十六岁，给张家姐妹开蒙认方块字，不久延请了陈先生教文言文，念“人之初”，稍大些又请了女先生吴天然教算学、自然、音乐、体操、舞蹈等。

张家小女儿在上海出生，这便是日后名扬四海的张家四姐妹——元和、允和、兆和与充和。在给女儿起名时，字里都带有撇和竖弯钩的笔画，象形为两条腿。隐喻为女儿们要离家远航，拥有最大限度的自由和发展空间，尽可能接受最好最全面的教育，不困于一时一地。

四姐妹中，大姐元和端庄温婉，二姐允和娇俏活泼，四妹充和精于古文书法，素雅玲珑。张家四兰身上相似的闺秀气，只有兆和没有。也难怪二姐允和也这样描述兆和，“三妹又黑又胖，样子粗粗的，没有一点闺秀气”。

兆和相貌普通，才气普通，又最顽皮，光芒似乎都被书房前的两棵玉兰树遮住了。她也这样自陈：“我的脸黑黑的，全身胖乎乎，不愁会生病。没有人同我玩，我就一个人闷皮。”[1]

1　张兆和：《儿时杂忆》，见张允和口述，叶稚珊编撰：《张家旧事》，北京：生活·读书·新知 三联书店，2014 年，第 85—86 页。

张兆和八岁以前，全家住于上海，1918 年，张家辗转到苏州安定下来。风流江南，清风明月，文气馥郁。

张武龄一生追求曙光，惜人才，爱朋友。

寿宁弄八号，是个很大的院子，天地宽阔，有大大小小数也数不清的房子，也藏着多少悲欢离合的故事。院子里有一株茶花和一株蜡梅，两棵树下绕着茂盛的秋海棠。“再进去，是一个砖砌的空院，门楣上书的是‘一息景’”。[1]

院子里还有花园池塘，水阁凉亭，老鹰常常高踞在柳树上，张兆和曾经做《即景》诗，出口成章：“春日园中好风景，池旁柳上有老鹰。”[2]

张兆和的房间，开窗就可以看到后花园，那些夏天躺在凉床上学唱的苏州话民歌，张兆和到老了都会背。

家中父母都有一间书房，中间隔着一个芭蕉园。冷翠落芭蕉，阴满中庭，叶叶心心，像王维画里有“雪中芭蕉”。有时孩子们可以看见他们隔窗说话，那永不落叶的芭蕉像一条绿色的绸带，牵着两人的心。张武龄富在藏书，乐在读书。家中藏书，名满苏州，专门有两间很大的屋子，四壁都是高及天花板的书架。无论是在上海，还是在苏州，张武龄从四马路买到观前街，书店掌柜进了新书就整捆地送到家里来。

1　张允和口述，叶稚珊编撰：《张家旧事》，北京：生活·读书·新知 三联书店，2014 年，第 69 页。

2　张兆和：《儿时杂忆》，见张允和口述，叶稚珊编撰：《张家旧事》，北京：生活·读书·新知 三联书店，2014 年，第 89 页。

张武龄读书厚古，也不薄今，于是，张家姐妹“四书”五经和五四作品兼学。家中请了两位先生，一位老先生专教古文，一位王先生既教古文，也教新书。在书房中，挨打手心的常常是兆和。因为顽皮，又爱闯点小祸。

后来由于受了五四思潮的影响，变私塾而为新学，张武龄将女儿们插班送进了苏州女子职业中学。但当时的苏女职中，主要以刺绣闻名，“学校除一般基础课程外，不过再加上几门家事，做做石膏像而已。”[1]

学校内有假山，有鱼池，有操场，还有练功的平台和天桥，天桥年代久了，摇摇晃晃的，谁也不敢上去，只有张兆和敢站在上面唱当时的流行歌曲，来来回回地走那个摇摇晃晃的天桥。

只是，一学期下来，就蹲了班。

1921 年，决意打开一扇小窗户的张武龄倾家产而办教育。苏州九如巷张家自费创办女子学校乐益女中和男子学校平林中学，推动新式教育。

乐益女中校歌由张武龄亲自撰写：

乐土是吴中，开化早，文明隆。
秦伯虞仲。孝友仁让。化俗久成风。
宅校斯土。讲肄弦咏。多士乐融融。

---

1 张兆和：《我到苏州来》，见张允和口述，叶稚珊编撰：《张家旧事》，北京：生活·读书·新知 三联书店，2014 年，第 91 页。

愿吾同校。益人益己。与世近大同。[1]

办学的愿景与个人的豪情，皆在其中。

乐益女校是建立在明末张士诚皇宫废墟之上的新校园，遍植白梅和绿柳。定名“乐益”，取“乐观进取，裨益社会”之意，强调办学是“以适应社会之需要，而为求高等教育之阶梯”，每年有十分之一的名额资助贫寒子弟。师资名单也是闪耀星辰，叶天底、张闻天、侯绍伦都曾在乐益任教。

乐益女校每年学费收入与办学投入落差甚大，每年张家要贴补的经费在五千元以上。张武龄生活简朴，倾其所有而办学，但凡学校之所需无不竭力满足。

在苏州，十七岁的张兆和剪短发，入新学，演话剧，弄梅骑竹，临池洗砚，兼学文理。虽然，她也会有十七岁的忧愁，但那份忧愁和十七岁在湘西部队眼看杀人七百的沈从文定是不一样的。

中学毕业后，二姐张允和与三姐张兆和两人离开苏州去上海就读中国公学预科，成为中国公学第一批女学生。

在当时，女生读大学毕竟是少数，男生热衷于给女生起外号，张兆和的“绰号总归离不开一个‘黑’字”。[2]男生替张兆和起了绰号“黑牡丹”，还有一绰号“黑凤”，

1　张允和口述，叶稚珊编撰：《张家旧事》，北京：生活·读书·新知 三联书店，2014 年，第 96 页。

2　张允和口述，叶稚珊编撰：《张家旧事》，北京：生活·读书·新知 三联书店，2014 年，第 154—155 页。

二姐张允和一直疑心“黑凤”是沈从文起的。虽然牡丹和凤凰，都有国色天香、高洁祥瑞之意，但前面加了黑字，在中国人的审美观念里，好像连芳华也打了折扣。张兆和便最讨厌这个美绰号。

美人玉色，春风满纸。在正当最好的年纪遇见了她用尽一生好像都没有真正懂得的人，不知是幸，抑或是命。

第三章　愿得一心人

1. 不知道为什么我忽然爱上了你

他跨越千山万水寻桥至此，她顺流而下恰好渡船而过。

清风皓月，扶疏绿竹正盈窗。

二十八岁的沈从文站在中国公学的讲台，面对台下坐得满满的学生讲不出一句话的时候，十九岁的张兆和就在其中。她选了他的课，也拜读过他的小说，讲不出话的尴尬在她眼里也是意外带来的有趣，也许是因为“并不觉得他是可尊敬的老师，不过是会写写白话文小说的年轻人而已”。[1]

1930 年初春，沈从文给张兆和写了第一封薄薄的信，第一句话是：“不知道为什么我忽然爱上了你？”[2] 她没有回信，但自此后沈从文持续不断给张兆和写信，越写越厚，却长期得不到回应。其实，那时节，也不单沈从文给张兆和写那些纸短情长、不尽依依的信，她每日收到的都不在

1　张允和：《从第一封信到第一封信》，《浪花集》，杭州：浙江大学出版社，2016 年，第 76 页。

2　张允和：《从第一封信到第一封信》，《浪花集》，杭州：浙江大学出版社，2016 年，第 77 页。

少数。

张兆和无论是样貌还是性格，自有股英气。她爱男装，爱穿男式的大摆长袍，颜色也总是阴丹士林的蓝色。她健美聪明，追求者甚多，但都不为所动，还在“日记本上排出 frog No.1、frog No.2……（青蛙一号、青蛙二号……）”，二姐允和逗她，沈从文应该排到癞蛤蟆十三号了吧。[1]

不知道他究竟写了多少信，也不知道他究竟把多少的诗情落于纸上。每次见到她，就有一种哀愁飘浮在心头，这种哀愁像挂在山间，飘飘散散，最后成为一抹又一抹的情愫，它们聚集在心中，像是要喷薄而出，又像是根本无法言说。“在感觉上总不免有全部生命奉献而无所取偿的奴性自觉，人格完全失去，自尊也消失无余。”

沈从文信实在写得太多、太长，以及那些满而溢出的感情，他能够把爱写出很多种不同却更动听的话，使她认为“老师不该写这样失礼的信，发疯的信”。[2] 这些都使她不胜困扰，没有欢喜。

从春到夏，他写了六个月的信；从春到夏，她按捺了六个月的烦忧。

此时的校长胡适也正处于一片隐晦芜杂之情状里，并于 1930 年 1 月 12 日，正式辞去中国公学校长一职。由于

1　张允和口述，叶稚珊编撰：《张家旧事》，北京：生活·读书·新知 三联书店，2014 年，第 169 页。

2　张允和：《从第一封信到第一封信》，《浪花集》，杭州：浙江大学出版社，2016 年，第 77 页。

此前一年在校内不按规定挂国民党党旗、举行总理纪念周活动，并且在《新月》杂志发表政论文章，在报刊媒体上遭到围攻，其名字也多次在政府查办公文中出现，申请缉办。

提请辞职后两周余，胡适收到两个美国大学的延聘，一是芝加哥大学请其做系列讲座；二是耶鲁做访问教授。在踌躇之后选择了耶鲁，打算拿出一年的时间，把国内的工作稍作结束，在日记中感叹“我们真是个没有文化的国家，音乐美术全没有”。[1]

红尘来去自由，进退皆有空间。

这时的沈从文，岂也想来去无挂碍，却一往情深不自由。

2 月 7 日，沈从文致王际真的信中提及胡适在中国公学辞职一事，“胡博士已辞职，我或也走路过别处”，“我过几天决定了北南东西的去处再告你”，并将通信地址改为“上海望平街新月书店”。[2]

沈从文因胡适而来，也与胡适共进退的想法早已确定，除此之外离开中国公学，也有在此教书并不愉快、对张兆和的爱恋得不到回应等诸多原因，“仿佛是无用的人”。[3]

1　胡适：《1930 年 1 月 30 日日记》，见胡适：《胡适全集》（第 31 卷），合肥：安徽教育出版社，2003 年，第 591 页。

2　沈从文：《1930 年 2 月 7 日致王际真》，见沈从文：《沈从文全集》（第 18 卷），太原：北岳文艺出版社，2002 年，第 50 页。

3　沈从文：《1930 年 4 月 28 日致王际真》，见沈从文：《沈从文全集》（第 18 卷），太原：北岳文艺出版社，2002 年，第 66 页。

我在此爱上了一个并不体面的学生，好像是为了别人的聪明，我把一切做人的常态的秩序全毁了。在各方面去找那向自己解剖的机会，总似乎我能给这女人的幸福，是任何人所不能给的，我的牺牲可以说是一种奢侈，但所望，就只是这年轻聪明女人多懂我一点。可是凡到这些事情上时，我照例是窘倒了。我的文法，到女人面前是失去效力的。我不能把言语或文字，说明我的无害于人有利于己的欲望是怎样小。……一种不可救药的病，只有依赖“时间”这东西了，时间把我们地位变更，或者我会忘记这人，或者这人会爱我。[1]

至5月15日，蔡元培代表中国公学校董事会同意胡适辞去校长一职，由胡适推荐他的老师马君武继任校长，沈从文可继续留校任教，但他已决定6月离校。[2]

他有太多疑问没有答案，她的心意如何？她是否有爱过的、爱着的或希望去爱的人？她会不会出现？该不该有期待？

1　沈从文：《1930年4月26日致王际真》，见沈从文：《沈从文全集》（第18卷），太原：北岳文艺出版社，2002年，第63—64页。

2　根据沈从文致王际真信，“此间胡博士已辞职，我当于六月离校，或住上海。有信寄至上海四马路新月书店转我，或不至于遗失”。沈从文：《1930年5月17日致王际真》，见沈从文：《沈从文全集》（第18卷），太原：北岳文艺出版社，2002年，第71页。

因为对张兆和无望的爱，使得他要离开此地了。

6 月 28 日，在给胡适的信件中，沈从文表达了离开中国公学的打算：“一年来在中公不致为人赶走，莫非先生原因，现在觉得教书又开始无自信了，所以决计在数日内仍迁上海，暑期也不敢教下去了。”[1]

胡适执意挽留，得知沈从文主要是因感情一事离开后，主动提出如果是家庭原因，他会出面解决一切。在胡适出面之前，他想要先知道张兆和的真实想法，而不是像现在这样，信件若石沉大海，心思若梅落繁枝，犹自多情。

于是，暑期课程他暂且教了下去，共六星期，讲授中国新诗。一面上课，一面等待着张兆和的回音。面对他将要离开的消息，她会是挽留，还是更深地拒绝。

在给张兆和好友王华莲的信中，沈从文这样写道：“我因为爱她，恐怕在此还反而使她难过，也不愿使她负何等义务，故我已决定走了。……因为爱她，我这半年来把生活全毁了，一件事不能做。我只打算走到远处去，一面是她可以安静读书，一面是我免得苦恼。”[2]

如果她现在不需要这份爱，那么他愿意等她，十年为期。

其实，这份痴念里，也不全是温情。沈从文还说了一些恐吓的话，比如如果张兆和不接受他的爱，“他只有两

1 沈从文：《1930 年 6 月 28 日致胡适》，见沈从文：《沈从文全集》（第 18 卷），太原：北岳文艺出版社，2002 年，第 78 页。

2 沈从文、张兆和著，沈虎雏编选：《从文家书——从文兆和书信选》，上海：上海远东出版社，1996 年，第 5—6 页。

条路可走，一条是刻苦自己，使自己向上，这是一条积极的路，但多半是不走这条的，另一条有两条分支，一是自杀，二是出一口气。”[1] 在王华莲眼中，沈从文说的恐吓话使人听着感到卑鄙，他用又硬又软的手段来说恐吓话，许是因为他以为恐吓能助爱的滋长。

事情的发展已经超出一个十九岁少女的经验，因为烦闷、恼怒，还有担忧，既然沈从文令校长胡适都已经知道此事，她暑期在上海就索性找去了胡先生在极司非而路一个偏僻小巷中的家。

那一天，从极司非而路小巷中蹦蹦跳跳跑出来的小姑娘，她自信满满，自以为看透世事，但还不知道什么是爱。

那一天，胡适的相熟，罗尔纲的客气，所给予的都不是一位中国公学的普通女生，这一份礼遇给予的是沈从文的女朋友。胡适夸沈从文是天才，是中国小说家中最有希望的年轻人，乃至张兆和把态度表明了，胡适才知道她并不爱他。

张兆和希望校长出面予以阻止，胡适的回答却是：“有什么不好！我和你爸爸都是安徽同乡，是不是让我跟你爸爸谈谈你们的事。”[2] 甚至说对于沈从文这样的天才，人人都应当帮助他，使他有发展的机会，哪怕帮助的是一份感情。

1　沈从文、张兆和著，沈虎雏编选：《从文家书——从文兆和书信选》，上海：上海远东出版社，1996 年，第 14 页。

2　张允和：《从第一封信到第一封信》，《浪花集》，杭州：浙江大学出版社，2016 年，第 77 页。

胡适郑重地对这位女学生说："我知道沈从文顽固地爱你！"张兆和脱口而出："我顽固地不爱他！"[1]

感情生活中，无论对方有多好，在别人眼里有多么地求而不可得，都敌不过一句不愿意。

2. 不要让一个小女子夸口说她曾碎了沈从文的心

拜访过胡适后的第二天清晨，张兆和开始写一封给沈从文的信，慎重而婉转。"一个有伟大前程的人，是不值得为一个不明白爱的蒙昧女子牺牲什么的。"[2]

信发出后，她在日记中写下三个字："心不定。"[3]

家中一见张家女儿后，胡适也给沈从文写了一封劝解的信："这个女子不能了解你，更不能了解你的爱，你错用情了。……此人年纪太轻，生活经验太少，故把一切对她表示爱情的人都看作'他们'一类，故能拒人自喜。你也不过是'个个人'之一个而已。"[4]

爱情不过是人生的一件事，而不是唯一的事。

1　张允和：《从第一封信到第一封信》，《浪花集》，杭州：浙江大学出版社，2016 年，第 77 页。

2　沈从文、张兆和著，沈虎雏编选：《从文家书——从文兆和书信选》，上海：上海远东出版社，1996 年，第 29 页。

3　沈从文、张兆和著，沈虎雏编选：《从文家书——从文兆和书信选》，上海：上海远东出版社，1996 年，第 17 页。

4　沈从文、张兆和著，沈虎雏编选：《从文家书——从文兆和书信选》，上海：上海远东出版社，1996 年，第 22—23 页。

她并不是一个对的人，“你千万要挣扎，不要让一个小女子夸口说她曾碎了沈从文的心”。[1]

这两三日之间的信，在沈从文、胡适、张兆和、王华莲之间转了又转，于是胡适写给沈从文的信，王华莲也抄了一份寄给了张兆和。

看到胡适信件的张兆和，对胡适言语间看轻和误解一个小姑娘并认定她有着渺小和狭隘的感情，是有不满的。胡适仅仅看到了沈从文是个天才，并且这个天才对她这一位平常的女子爱得诚挚，然而她却蔑视了一个天才诚挚的爱，那原因自然是小女子年纪太轻，不能够做出正确的选择。但又从何言说呢，也罢，最终只要他放弃，她从此可以安心读书便是好的。“如果此话能叫沈相信我是一个永久不能了解他的愚顽女子，不再苦苦追求，因此而使他在这上面少感到些痛苦，使我少感些麻烦，无论胡先生写此信是有意无意，我也是万分感谢他的。”[2]

上海的夏天，像满城盖着一件浸湿了的棉被，在中国公学教暑期课的沈从文住在每天温度都在 33℃的房间里，毫无风来，也不出门，虽然到江边便有海风，侠气风凉。他哪儿也不去，关着门躺在床上生气，想如何活下去的种种计划。

1　沈从文、张兆和著，沈虎雏编选：《从文家书——从文兆和书信选》，上海：上海远东出版社，1996 年，第 22 页。

2　沈从文、张兆和著，沈虎雏编选：《从文家书——从文兆和书信选》，上海：上海远东出版社，1996 年，第 23—24 页。

天气太热了，他一面写字一面流汗。面对张兆和顽固的拒绝，沈从文的回答是你可以不爱我，但你不能阻止我依然对你情深。他在回信中写，未来的我“爱你却不再来麻烦你”，“互相在顽固中生存，我总是爱你你总是不爱我，能够这样也仍然是很好的事。我若快乐一点便可以使你不负疚，以后总是极力去做个快乐人的。”[1]

如果我爱你是你的不幸，那么这不幸将同我的生命一样长久。

对沈从文这名字带来的不快，即刻你就忘记了吧。

原本以为从此山水不相逢，但他却依然有信来。六纸长函的深情，不管是真挚的，还是用文字装点的，却第一次令张兆和产生了深深的触动，不知这份深情以何偿还。“在我离开这世界以前，在我心灵有一天知觉的时候，我总会记着，记着这世上有一个人，他为了我把生活的均衡失去，他为了我，舍弃了安定的生活而去在上新增刻苦自己。”[2]

发生在1930年暑假的这份感情纠葛，只有三个旁人知道，分别是王华莲、胡适和徐志摩。知道了张兆和明确的态度后，关于中国公学的教职和未来的路，胡适要他等，王华莲要他留，而徐志摩劝他走。

他最后跟随了徐志摩的选择，因为只有徐志摩知道他

1　沈从文、张兆和著，沈虎雏编选：《从文家书——从文兆和书信选》，上海：上海远东出版社，1996年，第21页。

2　沈从文、张兆和著，沈虎雏编选：《从文家书——从文兆和书信选》，上海：上海远东出版社，1996年，第24页。

的无可奈何处。沈从文离开中国公学，离开张兆和，离开使他执迷的过去。从而到另外的生活上去，爱她一天便要认真生活一天，留一点机会给未来的自己，即便他预料到等将来的她明白了爱，也依然不会选择爱他。

但是我爱你只是我自己的事，并不会因为你不爱我而有折损，我会记得，这世界上有我永远倾心的人在，为此，我感到庆幸。

愿意牺牲自己来爱你，是我自己的值得。因此，不会在执迷中做出莽撞的行为，也不会在失意中，做出堕落的行为。她也不必为此内疚或担忧。

过了夏天，他就要离开，无论是学业还是人生，都不能陪她一路走下去，但是依然希望她能够有更好的未来。他把挂念留在了中国公学，担心因为他爱她这件事影响她的学业，担心她不能安心读书，担心她满足于现在学业的所得，担心她不能在现有的优势上继续前行。关于人生他走了很多弯路，希望她不要经历自己所经历的辛苦与酸楚。

至于你，我希望你不为这些空事扰乱自己读书的向上计划，我愿意你好好地读书，莫仅仅以为在功课上对付得下出人头地就满意，你不妨想得远一点。一颗悬在天空的星子不能用手去摘，但因为要摘，你那手伸出去会长一点。我们已经知道的太少，而应当知道的又太多，学校方面是不能使我们伟大的，所以你的英文标准莫放在功课上，想法子跃进才行。一个聪明的人，得天所赋既多，就莫放弃这特别权利，用一切前人做足下石头，爬过前面去才是应当的行为。书本使我们多智慧，却不能使我们成为特殊的人，所以有时知道一切多一点也不是坏事，这是我劝你有工夫看别的各样书时也莫随便放过的意思。为了要知道多一点，所谓智慧的贪婪，学校一点点书是不够的，平常时间也不够的，平常心情也不济事的，好像要有一点不大安分的妄想，用力量去证实，这才是社会上有特殊天才、特殊学者的理由。……被人爱实在是麻烦，有时我也感觉到，因为那随了爱而来的真是一串吓人头昏的字眼同事情，可是若果被爱的理由，不仅是一点青春动人的丰姿。却是品德智力一切的超越与完美，依我打算，却不会因怕被更多人的倾心，就把自己放置在一个平庸流俗人中生活，不去求至高完美的。我愿意你存一点不大安分的妄想去读书，使这时看不起你的人也爱敬你，若果要我做先生，我是只能说这个话的。我是明知道把一切使人敬重的机会完全失去以后，譬如爱你，到明知道你嫁给别人以后，还将为一点无所依据的妄想，按到我自己所能尽的力量到社会里去爬，想爬得比一切人都高的。[1]

1　沈从文、张兆和著，沈虎雏编选：《从文家书——从文兆和书信选》，上海：上海远东出版社，1996年，第31—32页。

太阳下发生的事，风一吹好像就可以散了。

与卿作别，尚有相思意，回首无尽期。

在这件夏天的恋爱事件上，对于十九岁的张兆和来说，也窥得到一点以前所未知道的人生。

生活就像一本大书，当时的她以为就此合上了一段算不上美妙的篇章。

3. 人生如逆旅，我亦是行人

1930 年从春到夏，正当沈从文沉浸在夜来烟月、两处相思、诗情还寄的时候，当年在北京一起谈诗作文、直抒翰墨，在那年的大雪里穿着单薄的衣裳，踟蹰间共同前行的好友杨振声，已于 4 月间，受命出任国立青岛大学校长。青岛大学是当时国内十三所国立大学之一，被蔡元培寄予厚望。

正是在沈从文决定离开中国公学的 1930 年 6 月，国立青岛大学新任校长杨振声正式到职，启钤办公。同月，杨振声至上海聘请教员，曾邀请沈从文至青岛任教，还留下了从上海到青岛的路费。但此时的沈从文最关心的还是张兆和，并无心其他。直到追求张兆和无果，“因为在此事情失败，我大致无论如何应当在八月离开此地了”，去向青岛教书。[1]

1 沈从文：《1930 年 7 月 18 日致王际真》，见沈从文：《沈从文全集》（第 18 卷），太原：北岳文艺出版社，2002 年，第 94—95 页。

沈从文有意离开上海，青大校长杨振声又恰逢其时地递了橄榄枝，本也算一桩美事。因为执念离开中国公学，作此打算的时候却并无去处，本担忧将会再一次回到为了生计而写作的状态之下，却在北方有了一份教职等待着他。“我为了一个女人跌下又复爬起了，还想好好来做文章，写他十年再说。”也打算去远行，有时厌倦了，哭喊皆无着落，就想逃开这世界。

北上的打算伴着隐忧。自5月开始，中原大战的战火波及河南、山东、安徽等省。战争由汪精卫联合反共右倾西山会议派和国民党军阀阎锡山、冯玉祥、李宗仁、张发奎发起，意图夺权挑战蒋介石的南京国民政府的权威。

6月时，中原大战的战火已过济南，向青岛蔓延。若是战事再起，青岛大学怕是不能按时开学，他也无法去向青岛。虽说一切皆是未知，但是此时的沈从文相对悲观，总会表露出无法正常开学的判断和担忧。

如果不能按时开学，就不知道该走什么路好了。

只是这一次他没有停在原地等结果，却突然在9月13日左右，在匆忙间离开上海至武汉，即便是当日大雨也依然去往武汉。

9月16日到达武昌。沈从文此行应聘至武汉大学文学院任教。

此时武汉大学文学院院长是陈西滢，前任院长是闻一多。当年的陈西滢应该无论如何也想不到，因为年轻时和鲁迅的笔仗使得他在中国现代文化史上往往成为一个反面角色。甚至在 20 世纪下半期，大部分人知道陈西滢，都是因为他是那位曾经让鲁迅最痛恨的人。因为中学课本里选择的那篇《论“费厄泼赖”应该缓行》，因为语文教学模式化的解读，因为抽离语境而做绝对化的阐释，因为鲁迅的一句话，陈西滢成为被痛打的“落水狗”。

此时的陈西滢曾受胡适和徐志摩所托，为离开中国公学后的沈从文谋一教职。而除此之外，陈西滢和杨振声一样，与沈从文当年在北京时便是好友。

陈西滢早已计划聘沈从文为武汉大学文学院讲师，但当时他虽为文学院院长，但院内争议颇大，派系分立，有湘军和淮军之分，陈西滢是无锡人，夹在两派斗争之中，他自己也是如陷泥沼。又因为前任院长闻一多离职时，陈西滢没有全力声援，致使部分支持闻一多的老师心怀不满。还有那些惯常的留洋与非留洋、学缘关系、留欧留美与留日等诸多分派。时间越久这关系越盘根错节，难以厘清，派系之间是各种立场、层次与角度，个体之间也是各有各的得意与自喜，致使院长陈西滢也是步履维艰。

此前由于沈从文的学历原因，去往武汉大学教书曾有诸多困难。陈西滢在给胡适的信中曾写道：“从文事我早已提过几次，他们总以为他是一个创作家，看的书太少，恐怕教书教不好。……我极希望我们能聘从文，因为我们这里的中国文学的人，差不多个个都是考据家，个个都连语体文都不看的”。[1]沈从文的报刊文章即便发表再多，在大学精英群体看来也不过是雕虫，“说来也很稀奇，尽管一个大学里各系都向前看，惟有中文系是向后看，并且认为各系不妨向前，惟有中文系必须向后，这是中国的国粹，轻易碰不得的。”[2]

此时，沈从文所受到的最大的质疑，便是自身合法性的问题。无高等教育背景、无留学经历、无社会政治身份的他，如何在精英社会中自处。知识人社会，教育和学养成为社会合法性的来源。

谁知却突然成行。

沈从文终未等到青岛大学开学的消息。只是在沈从文抵达武昌之后的第五天，即9月21日，青岛大学正式开课，蔡元培参加开学典礼。而这时的沈从文，已经“安然坐在助教办公桌边做事了”。[3]

说是“安然”，其实难以安然。一方面，环境差极；另一方面，对于助教的位置也有些许的不如意。与之前陈西滢聘沈从文为讲师的计划不同，最终沈从文被聘为助教，无论是地位还是薪水，都要少很多。武汉大学内

1　参见陈源（西滢）写给胡适的信。见耿志云主编：《胡适遗稿及秘藏书信》（第35册），合肥：黄山书社，1994年，第85—87页。

2　朱东润：《朱东润传记作品全集》，上海：东方出版中心，1999年，第172页。

3　沈从文：《1930年9月18日致胡适》，见沈从文：《沈从文全集》（第18卷），太原：北岳文艺出版社，2002年，第104页。

部最初反对聘请沈从文任教，最终助教的身份也算是双方彼此的妥协。

初到武汉的沈从文对此地“印象特坏，想不到中国内地如此吓人”，“到了这里，才知道中国是这样子可怕”。但即便如此也打算“再坏也留在此地，或可多知道一点另外一些中国人，怎么样的活下来的事情”。[1]

山高水长流风美，云山满目锁烟霞，珞珈美景也更多地停留在纸上。

武汉大学教师宿舍分为两处，一处是西园，一处是东楼。东楼几度沧桑，见证了1911年武汉宣布独立的重要时刻。东楼住了二三十位老师，有北京大学毕业生游国恩，前清进士周子幹，原湖南大学校长英国留学归国的任凯南，湖北国会议员时功玖留学美国的儿子时昭瀛，陈寅恪的弟弟留学法国的陈登恪，还有徐志摩的外甥孙先生，“他有一篇《宝马歌》，咿哟呵啊的印了《武汉日报》整整一版”。[2]

在其中的沈从文，好像与任何人都不像。

在武汉大学，沈从文所教课程与中国公学时的类似，担任新文学研究与小说习作课程的教学。

当年同在武大任教的朱东润，1976年写自传，其中有一段描述沈从文，似乎也带着一些难以掩饰的俯视与轻

1　沈从文：《1930年9月18日致胡适》，见沈从文：《沈从文全集》（第18卷），太原：北岳文艺出版社，2002年，第104页。

2　朱东润：《朱东润传记作品全集》，上海：东方出版中心，1999年，第170页。

佻："值得记载的还有一位沈从文，青年作家，那时大约二十四五岁，小兵出身，但在写作上有些成就，武大请他担任写作教师。在写作技巧上，他是有锻炼的，但是上课的情况非常特别。第一天上课时，红涨着脸，话也说不出，只有在黑板上写上'请待我十分钟'。学生知道他是一位作家，也就照办了。十分钟时间过去了，可是沈从文还没有心定，因此又写'请再待五分钟'。五分钟过去了，沈从文开讲了，但是始终对着黑板说话，为学校教师开了前所未有的先例。"[1]

即便已不是第一次站在讲台，但还是没有办法行云流水，信马由缰。

也许教书这事真要靠天分，需要口吐莲花，需要随机应变，也需要镇定自若，"一定还得一些不是比我们懒惰狡猾，就是比我们世故聪明的人才相宜。"[2]

在给胡适的信件中，沈从文讲述至武汉大学的现状："我直到现在还找不到一个按日吃饭的地方，住处因为照规矩是助教，也很坏，住了半月霉气还没有法除去。（教授讲师住处就好多了。）在乡从俗，所以我想来习惯这脏生活，久了或者这些痛苦可以少一点。"[3]

1　朱东润：《朱东润传记作品全集》，上海：东方出版中心，1999年，第171页。

2　沈从文：《记胡也频》，见沈从文：《沈从文全集》（第13卷），太原：北岳文艺出版社，2002年，第35页。

3　沈从文：《19300925致胡适》，见沈从文：《沈从文全集》（第18卷），太原：北岳文艺出版社，2002年，第107—108页。

在给沈云麓的回信中，也透露出在武汉大学所面对的不快与质疑，“我教书很不高兴，当正教授我不能，当兼任教授我不欢喜，我还是要做文章”，“我的文章是谁也打不倒的，在任何情形下，一定还可以望它价值提起了来，将来若国内平定一点，我想我的生活，也一定要如意点，现在是简直算是受压迫与冤屈的，因为我应当有许多版税都被书店苛刻侵没了，将来是可以希望一本书拿五千版税的。”[1]

人生尚飘蓬，江湖多摇落，人生、爱情、作品皆不敢问将去向何方，又害怕时光就这样蹉跎而过。

在武汉大学的沈从文除备受质疑、职位较低等因素的影响外，整体的学校大环境排斥新文学、守旧思想浓厚是无论如何也无法得到改观的。

> 从上海到这里来，是十分无聊的。大雨是大教授，我低两级，是助教。因这卑微名分，到这官办学校，一切不合式也是自然的事。到十二月后，我回上海，有二十天放假，若上海有生活，我就不回武昌了。……我若得了机会，就到外国来扮小丑也好。因为我在中国，书又读不好，别人要我教书，也只是我的熟人的面子，同学生的要求。学生即或欢迎我，学校

1　沈从文：《1930 年 10 月 2 日复沈云麓》，见沈从文：《沈从文全集》（第 18 卷），太原：北岳文艺出版社，2002 年，第 110 页。

大人物是把新的什么都看不起的。我到什么地方总有受恩的样子，所以很容易生气、多疑，见任何人我都想骂他咬他。我自己也只想打自己，痛殴自己。[1]

在珞珈山下的武汉大学生活，对沈从文来说有诸多不如意，找不出生趣，到任何地方总似乎不合适，总挤不进别人那种从容里面去，因此每个日子只增加一种悲痛。

因为在上海爱上一个女人，“一个穿布衣，黑脸，平常的女人。但没有办法，我觉得生存没有味道”。[2]

无事时便去到街上，到那脏极了的小铜匠铺前面，看黑脸铜匠打水壶。太阳照在他的身上，世界嘈杂，铜匠铺内也嘈杂，但打水壶的铜匠安定、专注、平静。望到那些人，总使他忧愁。

临放假还有三个礼拜时，沈从文给胡适写信发牢骚：“在此承通伯先生待得极好，在校无事做，常到叔华家看画，自己则日往旧书店买字帖玩。唯心情极坏，许多不长进处依然保留，故恨觉自苦。若学校许可教半年解约，则明春来上海或不再返，因一切心上纠纷，常常使理智失去清明，带了病态的任性，总觉得一切皆不合式。或者另一时，我

1　沈从文：《19301105复王际真——在武汉大学》，见沈从文：《沈从文全集》（第18卷），太原：北岳文艺出版社，2002年，第111页。

2　沈从文：《19301105复王际真——在武汉大学》，见沈从文：《沈从文全集》（第18卷），太原：北岳文艺出版社，2002年，第111—112页。

仍然住上海亭子间过日子，也许较好，头脑糊涂，是想什么也不对的。”[1]

也许，还是回上海吧。

此时的沈从文已经有了解约的想法和打算。在武汉大学，没有高等教育背景，没有留学背景，他并没有得到校方重用。沈从文也多次在信件中提到若有经济来源可以支撑基本的生活，便不再回武昌。

12 月武汉大学寒假，沈从文回上海度寒假。

4. 死别与生离

1931 年，回首皆是伤心事。

是年年初，接连有死别和生离的消息传来。

去年关于爱情和人事的怅惘，突然都变得很渺小。

1 月 1 日，就在这同一天，沈从文在上海得到了两个去世的消息。

一是父亲已于 1930 年 11 月在家乡病故，而当时在武汉大学的冬天里寂寞度日的他，一无所知。在一个月之后的上海才知道家中事，连伤痛都是延迟的。

另一是“一个最好的朋友”张采真被枪毙。留下了两个女儿，还有尚未出生的孩子，孤零零无助。也许上海怕

1　沈从文：《1930 年 11 月 21 日致胡适》，见沈从文：《沈从文全集》（第 18 卷），太原：北岳文艺出版社，2002 年，第 118 页。通伯即陈西滢，叔华即陈西滢的太太凌叔华。

是要待下去了。

君埋泉下泥销骨，我寄人间雪满头。

悲伤的消息并没有就此结束，1 月 17 日，好友胡也频被捕。胡也频已从当年的文学青年变成了共产党员。在《人间》和《红黑》停刊之后，沈从文去往中国公学，胡也频和丁玲曾到山东教书，但三个月后便回了上海，加入左翼作家联盟，也加入了中国共产党。

1 月 17 日，阴天。

十天前是胡也频和丁玲的儿子韦护出生六十天的日子，他们一家三口拍了合照，照片后面丁玲写了那么一行字："韦护满六十天，爸爸预备远行，妈妈预备把孩子交给他的外婆。"[1] 沈从文曾问胡也频路有多远，只答远得很。

当天中午 12 点钟，胡也频曾到沈从文住处，并约好了下午去胡也频家，为房东的儿子写挽联。

那天他穿着的还是前几日为避免特务的跟踪，换下洋装而换上沈从文的旧式绒袍，分手的时候他笑着说再会。

下午沈从文按约定的时间去胡也频家时，他没有回家，晚上再去，他还是没有回家。第二天早上又去，还是不见回来。

于是沈从文把上海各种报纸买来，翻遍社会新闻栏，并不曾发现汽车撞伤一类的事故能够联系到胡也频身上，

1　沈从文：《记丁玲续集》，见沈从文：《沈从文全集》（第 13 卷），太原：北岳文艺出版社，2002 年，第 140 页。

在被捕案件中也无征兆可寻。

他从法租界跑到闸北，从闸北跑到静安寺，从静安寺再回到胡也频家，却依然无线索可寻。

在漫无目的地奔波了一天后回到家，一个骨瘦如柴的老人给他送了一张胡也频写的字条，他已被捕，也许即刻就会被押往龙华监狱。

此后，沈从文多方设法营救。这一次，在上海，是的确没有办法走了。

沈从文此时在上海住的房子极小，天气阴冷潮湿，有怎么也散不去的霉味。房子门外是电车，时时刻刻有轰隆隆的声音响过去，有的时候闭上眼睛想，纽约一定就是这样每天只能听到钢、铁、汽、电的声音。白天出门，却又不知道该去哪里，该去找谁，该做什么努力。

1月20日胡适日记记载："沈从文来谈甚久。星期六与星期日，上海公安局会同公共租界捕房破获共党住所几处，拿了二十七人，昨日开讯，只有两女子保释了，余廿五人引渡，其中有一人为文学家胡也频。从文很着急，为他奔走设法营救，但我无法援助。"[1]

虽然明知希望渺茫，胡适依然写了一封信给蔡元培，当时的蔡元培已于半年前辞去检察院院长一职，全力组建中央研究院，并任院长。沈从文拿此信件去南京找蔡元培，

1　胡适：《1931年1月20日胡适日记》，见胡适：《胡适全集》（第32卷日记），合肥：安徽教育出版社，2003年，第29页。

但营救依然无果。“这半月，我便把日子消磨在为他奔走找人找钱事情上去了。结果还是依然在牢里，不审，不判决，住处为军事机关，因此在不好情形下，仍然随时可以处决。”[1]

2 月 7 日，胡也频在龙华秘密遇害。他在这个世界上消失了，没有任何罪名地消失了。

那一天的上海，下了很大的雪。

同时遇难的还有柔石、殷夫、李伟森、冯铿，他们被称为“左联五烈士”。

直到当月 10 日，沈从文与丁玲才得知遇难的消息，二十人中八十枪。

胡也频去世后，丁玲与儿子随沈从文住在一处，准备着或许不久就送这个孩子回家乡，就像当初孩子爸爸设想的那样。

朋友去世，徐志摩去了北平，孙大雨回了武汉，沈从文在上海的朋友也少了起来。他总是一整天不出门，坐在一间有三角形楼顶的房子里。上海很容易过日子，又很不容易过日子。

一月来看多了死亡，使他觉得这样支持岁月、暗度辰光真无意思。即将三十岁的沈从文计划改变现有的生活状态，偶尔也打算想要重回北平，但是“有事做又是教书，

1　沈从文：《1931 年 2 月 6 日致王际真——住到上海不动了》，见沈从文：《沈从文全集》（第 18 卷），太原：北岳文艺出版社，2002 年，第 125 页。

书我总教不来，故在北平也住不下”。[1]

生活这事真是说不尽。

5. 城中相识尽繁华

上海 3 月，露桃芳意早。

清晨有叫不出名字的鸟在窗前雀跃，街旁的树木皆露出了青。人和事好像都在一堆庸常日子中有所改变。

3 月 21 日，这个满身侠义的乡下人沈从文护送丁玲母子离开上海回湖南老家。

撒了很多谎，说了很多开心的话，每天都装作并无忧愁的样子，丁玲也是极力学做一个母亲身边天真烂漫的孩子，故意表现出极爱家乡风味的果蔬。有时两人不免相对凄然。

到家三天后，他们踏上返回的旅程。

路上的光景又用了四天，回到上海已是 4 月 10 日了。因胡也频之前后事的奔波，沈从文已错过了武汉大学的开学日期，加之对此前状态并不满意，因此便索性放弃了武大的教职。

时间如流水，自己又仿佛不见长进，爱情也无所得。倒是看到卓别林的电影《城市之光》，十分羡慕这个好笑

1　沈从文：《1931 年 2 月 6 日致王际真——住到上海不动了》，见沈从文：《沈从文全集》（第 18 卷），太原：北岳文艺出版社，2002 年，第 130 页。

的人。

在日渐黯淡的日子里蹉跎，不知归处。

徐志摩在5月的北平来信说："北京不是使人饿死的地方，你若在上海已感到厌倦，尽管来北京好了。北京各处机关各个位置上虽仿佛已满填了人，地面也好像全是人，但你一来，就会有一个空处让你站。"[1]北京不会因为你沈从文来而米贵的。

5月16日，在徐志摩的建议之下，沈从文从上海至北平谋职，借住于燕京大学教师宿舍，在达园，离圆明园只有一堵墙的距离。

北平，徐志摩在此，陈西滢夫妇在此，孙大雨也要来，还在徐志摩的介绍之下，结识梁思成、林徽因夫妇，并一见如故，也出现在了属于林徽因那名满京华的"太太的客厅"。

"太太的客厅"是20世纪30年代北平重要的文学公共空间。住在东城区北总布胡同三号的林徽因，作为北平沙龙的女主人，谈笑有鸿儒，往来无白丁，而太太一生惯做舞台中心的人物。

东城北总布胡同三号，是梁思成和林徽因一家租来的两进小四合院，正对门的是一个半圆式的长廊，院中有高大绚丽的马缨花和幽香素艳的丁香。每到周末，来沙龙聚

1 沈从文：《记丁玲续集》，见沈从文：《沈从文全集》（第13卷），太原：北岳文艺出版社，2002年，第198页。

会的多是清华和北大的教授们，也大都留学欧美，成为知识贵族的公共空间。

在给友人的信件中，沈从文感叹“六月的北京真是热闹”。[1]

沈从文住在达园，湖光山石叠映，翠竹葱郁，小桥玲珑。宿舍窗下常有美妙的年轻女子经过，这江山吐尽英雄气的古都，也多丽人。但是沈从文却说得极为有趣：“这些人远远的看来，听到说话，都像仙人，等你同她熟后，你才明白她们都是猪。”[2]

许是“曾经沧海难为水，除却巫山不是云”，也是“但伤知音稀”。那个穿布衣的平常女子在他心中留了白，种下了停不了的爱意与诗心。

也是在这里他写下了一封长信《由达园给张兆和》，以及那段著名的句子：“我行过许多地方的桥，看过许多次数的云，喝过许多种类的酒，却只爱过一个正当最好年龄的人。我应当为自己庆幸……”[3]

---

1 沈从文：《1931 年 6 月 29 日致王际真》，见沈从文：《沈从文全集》（第 18 卷），太原：北岳文艺出版社，2002 年，第 143 页。

2 沈从文：《1931 年 6 月 29 日致王际真》，见沈从文：《沈从文全集》（第 18 卷），太原：北岳文艺出版社，2002 年，第 143–144 页。

3 沈从文、张兆和著，沈虎雏编选：《从文家书——从文兆和书信选》，上海：上海远东出版社，1996 年，第 36 页。

第四章　落花人独立

1. 我心如磐石

1931 年 6 月，沈从文在北京达园的夏雨微晴中给在上海的张兆和写一封平和的信，不疾不徐，娓娓道来，像给远方认识了很久的朋友，也像是给留在远方的那个曾经的自己。

人还在斜阳微风里，痴痴地立着。

信写得小心而谨慎，像是怕惹了她的生气或是伤害到她的心情，就不再往下读下去，或是以后收信后便不再被拆开，甚至连信也不再收了。

自去年与张兆和分别后，人事起伏，又多生死，他在时代的浪潮里裹挟，好像不曾改变的只剩下爱她的心。也曾经想要找一个人全身心地去爱或者被爱，只是还没开始便已经发现一切都是可笑的努力。

还是想要告诉她，如何不能忘怀她的理由。

在吴淞的初夏，她应该很快就要放假了，请了留在中国公学读书的九妹岳萌去看她，九妹见了她就等于是他自己见到了她。还特别叮嘱去时要高兴一些，因为哥哥见了兆和是幸福的。

只是以后九妹可能也无法替沈从文去看她了，秋天岳萌要到北平念女子大学，而沈从文准备秋天到青岛。便都不在上海了，两人便是远隔山岳。

北平留下了历史的痕迹，极美丽，也使人平静。春天各处可放风筝，夏天多花，秋天有云，冬天刮风落雪。

他还随信给她寄去了自己欢喜的书，一共两本，其中一本是《丈夫》，因为初稿写的时候他人在吴淞中国公学，心在张兆和，因爱而不得近乎要发狂的情形下，一面给她写信，一面在苦恼中写了这样一篇文章。“我照例是这样子，做得出很傻的事，也写得出很多的文章，一面糊涂到使别人生气，一面清明处，却似乎比平时更适宜于做我自己的事。”[1]

而今，文章留了下来，还得到许多赞美；但是那份投入在感情当中的执着与无畏，却过去了。曾经，这份给张兆和带来苦恼与烦闷的感情投入，已经化作云淡风轻。这云淡风轻是不再逼迫她做什么她所做不到的事以及说不出的决定，而那句“顽固地爱你”，依然还不能用别的话来代替。

这时我来同你说这个，是当一个故事说到的，

1　沈从文：《由达园致张兆和》，见沈从文：《沈从文全集》（第11卷），太原：北岳文艺出版社，2002年，第90页。

希望你不要因此感到难受。这是过去的事情，这些过去的事，等于我们那些死亡了最好的朋友，值得保留在记忆里，虽想到这些，使人也仍然十分惆怅，可是你已经成为过去了。这些随了岁月而消失的东西，都不能再在同样情形下再现了的。[1]

何其幸运，他的诗情和才情使他可以用各种声音、各种言语，说出各种感想，用千万种方式来表达我爱你。“一个女子在诗人的诗中，永远不会老去，但诗人，他自己却老去了。”[2]想到这些，忧郁便填满了他的心。

如果爱一个人，那个人便会成为白月光，那么，他生平只看过一回满月。

也许她总有一天会明白爱情这回事，她也不再是一个小孩子，等她成为“大人”的时候，若再相见，她或者还是与以前一样，或者已做了国立大学的英文教授，或者已经成为许多小孩子的母亲。等到那一天，希望知道她那时在什么地方，做些什么事，有些什么感想。

“萑苇”是易折的，“磐石”是难动的，我的

1 沈从文：《由达园致张兆和》，见沈从文：《沈从文全集》（第11卷），太原：北岳文艺出版社，2002年，第90页。

2 沈从文：《由达园致张兆和》，见沈从文：《沈从文全集》（第11卷），太原：北岳文艺出版社，2002年，第93页。

生命等于“萑苇”，爱你的心希望它能如“磐石”。[1]

6 月 30 日，沈从文在《文艺月刊》开创了《废邮存底》系列，发表谈创作的书信体短文，开栏的第一篇文章就是给张兆和的信，也是他写给张兆和数百封情书中唯一公开发表的一封，后被命名为《由达园致张兆和》。

怀佳人兮不能忘。

2. 只为叫你的名字——三三

1931 年夏天的北平，有琴棋书画诗酒花。

纵是情深似海，翠闲丁香，高朋满座，但生活不仅是空谈、热望、追怀、怅惘，也不仅是诗篇多寄旧相逢。还是需要找一份教职，即便明知自己的天分并不适合，但毕竟是最好的出路。

8 月，沈从文到国立青岛大学担任中国文学系讲师，讲授中国小说史和高级作文。

这份晚了一年才赴任的教职，给了沈从文一段安逸岁月。

此时，国立青岛大学从校长、系主任到教员，多是旧时相识，老友重聚，又都有相似的文学理念，学校氛围相对自由和宽容。

1 沈从文：《由达园致张兆和》，见沈从文：《沈从文全集》（第 11 卷），太原：北岳文艺出版社，2002 年，第 95 页。

原本计划让九妹岳萌去北平读书，也改为一起至青岛，就读于国立青岛大学。

此时，国立青岛大学的校长是杨振声，教务长赵太侔，均是以徐志摩为精神领袖的新月社成员。

就在前一年，杨振声力邀沈从文至青岛任教，而沈从文误以为由于战乱国立青岛大学将无法正常开学，等而不及，于是南下去了武汉大学。

不少新月旧友则于国立青岛大学开学时按期赴任，闻一多担任文学院院长兼中国文学系主任，梁实秋担任外国文学系主任兼图书馆馆长。两人都负有招募本系教员之责，“在中国文学系里，一多罗致了不少人才，如方令孺、游国恩、丁山、姜叔明、张煦、谭戒甫等”。[1] 当时校中英华蕴聚，又由于青岛相对稳定的社会环境，名流云集，成一时之欢。

国立青岛大学教职员薪酬较好，待遇条件优厚，根据《国立青岛大学一览》，教授月薪三百元至五百元，讲师月薪一百五十元至三百元，助教月薪六十元至一百五十元。且并无拖欠薪酬的记载，成为“世外桃源”，远离战乱，也没有经济的困扰。

这里没有海上繁华，沪上风情，甚至连情怀也是小的。满目烟波浩渺，南望碧海，仿若身处隔世之海上蜃楼，诸事忘却也未敢忘她。

到青岛后，沈从文居住于福山路 3 号，在青岛大学和

1　梁实秋：《谈闻一多》，台北：传记文学出版社，1987 年，第 83 页。

第一公园之间，是一条不大的小巷，安静雅致，依山面海。往学校走的时候，能够看见碧海，在树影中间时隐时现，在微风吹拂中时起时落；回家时，便看蓝天，听涛声在身后隐隐传来。住处在福山路转角，是个欧式二层小楼，初来到的时候，小院中有一大丛白色的珍珠梅开得正十分茂盛。从楼上窗口望出去，即有一片不同层次的明绿逼近眼底：近处是树木，稍远处是大海，更远的是天云，几乎全是绿色。

青岛绿而静。虽然在京派和海派争艳的文化背景之下，青岛为文化边城，却也不失现代，老舍将其描述为“摩登的少女”，而首府济南则是“穿肥袖马褂的老先生”。

从四面是山的湘西小乡城，到上海抬头只能看到一小块屋顶的极小的亭子间，再到武汉陈旧拥挤的宿舍楼，第一次到三面环海的地方，那种开阔、豁达、漫无边际的感觉是难以用文字来形容的。

1931 年 8 月，沈从文开始写作小说《三三》，“三三”是沈从文对张兆和的昵称，因为张兆和在张家四姐妹中排行老三。

他怀着浓烈又无望的爱而写作，只为了叫她的名字——三三。

于是，他把“三三”的名字用在故事里，故事里的“三三”也有了张兆和的影子，一样的活泼、黑脸、俏皮，有着像林间小鹿一般的生命力，也同样有像心头浅雾一般抹不去的忧伤。

故事里的三三是活在湘西碾坊里的乡村少女，吃米饭、青菜、小鱼和鸡蛋过日子，每一天的日子毫无什么不同处。也如一般小孩一样，换几回新衣，过几回节，看几回狮子龙灯，就长大了。十五岁那年的夏天，从城里来了穿着白裤白鞋的白脸少爷。来乡村养病的白脸少爷，使三三对爱情产生了微小的期待。但是这时白脸少爷却突然去世了，三三心里好像掉了什么东西，极力去记忆这失去的东西的名称，却怎么也说不出。

用寻常语气，讲平凡事。再大的冲突与变故，都用冲淡的言语来表达。

这故事里面也有对张兆和的怜惜，以及求而不得的惆怅。

因为爱，他把她放在山川湖海之间，再把山川湖海都放在了心里。

这感情，不知所起，一往而深。

从生活到精神状态，沈从文的紧张感逐渐消失，面向大海"温习过去，叙述当前，商量明天"，在给徐志摩的信件中也多了平淡冲和。"近来我心里很灵活，手下很笨，所以写不出什么文章。""我有点稀奇的是我在安静生活中人有成为懒汉的趋势，正如在急流里长大的鱼不能在水田里过日子，说也说不明白那种理由。"[1]

1　沈从文：《1931 年 11 月 13 日致徐志摩》，见沈从文：《沈从文全集》（第 18 卷），太原：北岳文艺出版，2002 年版，第 150 页。

3. 风流总被雨打风吹去

原本平静的日子却突然再起波澜。1931 年，关于死亡的消息，并未停歇，接踵而来。

11 月 19 日，徐志摩因空难离世。这一意外事件，使得这一天成为中国现代文化史上灰暗的一天。

当天早上八点，徐志摩搭上了从南京飞北平的“济南号”邮政航班。

这次去南京是 11 月 11 日，此前飞机改期过三次，徐志摩曾说如果再改下去，他便不走了。在临去之前一天徐志摩还与林徽因一起参加一个茶会，在总布胡同口分手。晚上梁思成与林徽因有事外出，回家后才知徐志摩曾来，他自己坐了一会儿，喝了一壶茶，在桌上写了些字便走了。桌上写的字是：“定明早 6 时飞行，此去存亡不卜……”

返程时，徐志摩原本打算乘张学良的专机回北平，但是张学良要稍延些时日。然而 19 日晚，林徽因在北平协和小礼堂有一场面向外国使节的中国古典建筑美学系列讲座，徐志摩约好了出席。

当日，他必然要回去。

坐车不行，便乘飞机。恰好有中国航空公司财务组主任保君建赠送的免费乘机券，原意为借诗人之名以作航空公司宣传，于是，就向北归。

在临上飞机前，徐志摩曾由中国航空公司发电报到梁思成家，嘱咐下午三点雇车去南苑机场接他。

10点10分，飞机降落在徐州机场，徐志摩给陆小曼发了一封信，信中说头痛欲裂，不再前行。

但他最后，还是前行。

这梦幻似的人生转了几个弯，每一个偶然性因素的错失，都可能导致结果的迥异，而不是乘风归去。

下午梁思成按约派汽车去接，至四时半并未接到。林徽因颇疑飞机途中有变故。

19日晚，协和小礼堂灯火辉煌，座无虚席。林徽因在演讲的最后，朗诵了徐志摩的诗《常州天宁寺闻礼忏声》，肃穆而深情。

20日早晨，《北平晨报》刊登消息：

京平北上机肇祸　昨在济南坠落

【济南十九日专电】十九日午后二时，中国航空公司飞机由京飞平，飞行至济南城南三十里党家庄，因天雨雾大，误触开山山顶、当即坠落山下。本报记者亲往调查，见机身全焚毁、仅余空架。乘客一人，司机二人，全被烧死，血肉焦黑，莫可辨认。邮件被焚后，邮票灰仿佛可见，惨状不忍睹。遇难司机为王冠一，梁壁堂，乘客为中国航空公司总理之友。开山在党家庄以西十八里。[1]

1　《北平晨报》，见胡适：《胡适全集》（第32卷），合肥：安徽教育出版社，2003年，第155—156页。

在北平的朋友，都聚集在胡适家，打电话来问的人更是无数。

看到报纸新闻时已知徐志摩遇难了，但在没有确切消息之前，还是不愿相信。胡适亲自去了中国航空公司询问，也发了电报给南京公司中人和山东教育厅厅长何思源。中午 12 点后，接到回电说是徐志摩。大家才绝望了。

不同于胡适在北京的如临大难，在上海的鲁迅几乎每日往返于内山书店、湖风书店，与北新书局的李小峰通信，写书校稿，与内山、水野、增田等诸多日本友人过从甚密，偶尔与许广平去国民大戏院看电影。11 月 20 日这一天，鲁迅日记记下的只有一行，三字："昙。无事。"[1]

21 日，官方已有正式通知，徐志摩去世的详尽稿件也已见报。飞机在济南误触山头，坠毁遇难，机上唯一的乘客徐志摩和两位飞机师当场死亡。那一年，徐志摩只有三十六岁。并且飞机上的三人，皆是三十六岁。

22 日早上 6 点钟，身在青岛的沈从文乘最早的一班火车赶往济南。那时正值湿雾季节，每天照例总是满天灰雾。山峦，河流，人家，都裹在一种浓厚湿雾里。在火车上，望到济南附近的田土，远近皆流动着一层乳白色薄雾，黑色或茶色土壤上，各装点了细小深绿的麦种。一切是那么

1 鲁迅：《鲁迅日记》，见鲁迅著：《鲁迅全集》，北京：人民文学出版社，2005 年，第 278 页。

不可形容的温柔沉静，然而就是在这一年的宁静处，他有太多的挚友亲朋去世。“这一年还剩余两个月，十个月内我死了四个最熟的朋友。生死虽说是大事，同时也就可以说是平常事。”[1]

那一天的济南，下了很大的雨。

下了火车，沈从文先去到了齐鲁大学，在齐鲁大学见到了朱经农，此时得知北平还有三人来，南京有两人，上海还会有三四个人来。算算时间，北来车已差不多要到了。于是就又匆匆忙忙坐了车赶到津浦车站去，同他们会面。在候车室里见到了梁思成、金岳霖同张奚若，再一同赶去了中国银行。

出面料理徐志摩诸项后事的是张幼仪四哥张公权，派中国银行一位工作人员陈先生，“冒雨跑到飞机出事地点去，把志摩从飞机残烬中取出，加以洗涤、装殓，且伴同志摩遗体同车回到济南的。这个人在志摩生前并不与志摩认识”。[2]

前一日，灵柩便已运到济南，停在城里一个小庙里了，庙名似乎叫“福缘庵”，门内小而破旧，门外是受济南市土制香烟缠绕的一条热闹的街市。

一行亲友分别轮流走近棺侧看看死者。

1　沈从文：《三年前的十一月二十二日》，见沈从文：《沈从文全集》（第 12 卷），太原：北岳文艺出版社，2002 年，第 198 页。

2　沈从文：《三年前的十一月二十二日》，见沈从文：《沈从文全集》（第 12 卷），太原：北岳文艺出版社，2002 年，第 199 页。

由于徐志摩死后，陆小曼拒收遇难电报，也拒绝认领尸体。张幼仪令其八弟张禹九带着 13 岁的徐积锴，以徐志摩之子的身份到济南认领尸体。

北平来的梁思成、金岳霖和张奚若，计划第二天去出事地点看看。空难出事地点离济南约二十五里，名白马山站，有站不停车。

由于无相熟住处，沈从文当夜十点钟就上了回青岛的火车。

中国银行出面为徐志摩在当地举行了公祭和丧礼。徐申如作挽联致哀，将徐志摩与屈原和李白相比拟："文人横死，各有伤心。"[1]

公祭仪式举行完半年后，中国银行安排用一节火车车厢将徐志摩的遗体从济南运到上海，再回到故乡硖石安葬。

沈从文为悼念徐志摩写了一首诗，在徐志摩空难身亡后不久，但沈从文生前一直未发表。名为《死了一个坦白的人》，留下了一个关于徐志摩的印象，"光明如日头，温柔如棉絮，美丽炫目如挂在天上雨后新霁的彩虹"。

一声霹雳，一堆红火，
学一颗向无极长陨的流星，
用同样迅速，同样风度，
你匆匆忙忙押上了

1　张邦梅：《小脚与西服》，安徽：黄山书社，2011 年，第 198 页。

一个这样结实沉重的韵。

你的行为，就只在
使人此后每次投起头来，
眺望太空，追寻流星的踪迹，
皆不能忘记你
这种华丽的结束。[1]

1934 年 11 月 22 日沈从文发表于《大公报 · 文艺副刊》的悼念文章《三年前的十一月二十二日》，回忆当时带了一身湿雾骨碌骨碌跑去齐鲁大学的一时一物。

那几年，物是又人非。

4.1931 年 11 月 19 日

1931 年，烽火入神州。

这一天，除了文人之哀，也有家国之痛。

“九一八事变”后的战火开始蔓延，从沈阳一路向北，11 月 19 日，日军已攻陷至齐齐哈尔。

这一天在南京的蒋介石，自觉渡过了政治生涯中一个重大的难关，难得轻松。

1　沈从文：《死了一个坦白的人》，见沈从文：《沈从文全集》（第 15 卷），太原：北岳文艺出版社，2002 年，第 200 页。

11 月 19 日，蒋介石召开中央干部会议。在蒋介石的妥协与迁就之下，南京国民政府和广州国民政府，由分裂、对峙找到了团结统一的途径。在这四天里，蒋介石为不同时期开除党籍的国民党成员恢复党籍，其中有李宗仁、李济深、白崇禧、冯玉祥、汪精卫、阎锡山。他做了一个高风亮节的发言："以前党员之叛变，皆非为中央与政府，而独为中正一人之故，自觉愧惶无地，使党国益陷于艰危。故此前一切错误，皆由余一人任之。"

22 日，中央干部会议闭幕，蒋介石在日记中非常乐观。只是不到一个月后的12月15日，蒋介石便被迫第二次下野。这是蒋介石一生中极为困难的时期，也是他开始调整国内外政策的起点。

11 月 20 日，《北平晨报》上那条短短 180 个字的坠机新闻，也许真的并非社会舆论关注的要点。社会舆论更关注的也许是上海《时事新报》刊出了广西大学校长马君武作的那首著名的打油诗《哀沈阳》："赵四风流朱五狂，翩翩蝴蝶最当行。温柔乡是英雄冢，哪管东师入沈阳。"

11 月 21 日、22 日，胡蝶连续两天在上海《申报》发表声明辟谣，意谓马君武之作纯属胡言乱语。其中刊载的《胡蝶辟谣》曰：

"蝶也国民之一份也，虽尚未能以颈血溅仇人，岂能于国难当前之时与守土之责者相与跳舞耶？'商女不知亡国恨’，是真狗彘不食者矣！呜呼！暴日欲逐其并吞中国之野心，造谣生事，设想之奇，造事之巧，目的盖欲毁张副司令之名誉，冀阻止其回辽反攻。愿我国人悉烛其奸，而毋遂其借刀杀人之计也。”

虽为一枝红艳露凝香，亦不输胆识。

我们常常会把对大历史的愤恨，落脚在对女性的责难中，于是有了从此君王不早朝。

1991 年，张学良对哥伦比亚大学口述部工作人员口述其历史的时候，还曾提到最恨马君武的那句诗。

5. 人散后，一钩新月天如水

自济南返回后的 11 月 24 日，沈从文致信胡适，曾提到将徐志摩出事的飞机购买回来的想法。失事飞机仅余一铁架，不至于改作他用，也不会太过于昂贵，如果可以得以保存，似乎并不是难事。就是不知道这事是否必要。

当时国内战事恶劣，人心皆不安定，徐志摩熟人在上海、南京、济南、青岛、北平、武昌各处举行追悼会一事，在当时的情形看来，都无法实现。收集飞机残骸这事，最终也并未成行。

但是梁思成将在失事地取回的一块飞机残片，拿回了北平，林徽因用黄绫扎着挂在家里。长期以来，这一事件作为林徐之间感情的象征，引发了“向来情深，奈何缘浅”的诸多哀叹。

认知，永远建立在对彼此的误解之上。今日事如是，昨日情亦如是。

后人总喜欢把往事变成故事，把故事变成传奇，然后在满面风尘的传奇里唏嘘不已。

林徽因与徐志摩，一个“人艳如花”，一个诗情满腹，这个久负盛名的爱情故事，因为未有理想之圆满结局，愈加成为岁月不解风情之代表，于是，在艳羡与遗憾之间，怅然若失。人间四月天的沉醉迷离，成为一个事关爱情与远去时代的象征，它宛若轻烟，风情万种，如同旧梦。它带着古典又现代的文艺气息，盘根错节的人情往来，狂热却失落的热恋情怀，涓涓细流，汇聚成河，甚至很难再找到这样一个可以在叙述中反复阐释，终成传奇的人生底本，它饱含深意，月影婵娟。

关于飞机残片，首先是沈从文也有此想法，可见是共同想到的纪念方式，另外一事则是，十年之后，林徽因的墙上又多了一片飞机残骸。

1941 年 3 月 14 日，林徽因同父异母的三弟林恒在成都战死。他本是清华的学生，毅然投笔从戎报考了空军学校。刚毕业便在与日军作战时身亡，尸身难辨识，只能通过身旁一枚小小的图章知道是本人。去世时，年仅二十二岁。梁思成赶往成都收殓了他的遗体，掩埋在一处无名的墓地里，并将一块飞机残骸带回了当时林徽因和梁思成居住的李庄。林徽因把这一块残骸挂在自己的床头，以示永久纪念。

这两块飞机残片，更多的是对友情、亲情以及家国罹难的纪念和哀恸。

徐志摩的意外去世，对于以他为中心的新月社同人而言，是具有分水岭意义的事件。

1931 年 12 月 6 日，北平文化界在北京大学工学院大礼堂为徐志摩召开追悼会，会场由林徽因设计布置，鲜花花圈的下方玻璃盒内放置了飞机残骸的一小块木条。北大教授丁文江致悼词，胡适痛述徐志摩生平历史，当日到会 200 多人。

1931 年 12 月的上海《申报》连续数日发布“公祭诗人徐志摩先生公告”，公告全文为：“徐志摩先生公祭已订于本月二十日假静安寺举行，凡属先生知好预备参加者，无论个人团体，务请于本月十八日以前通知敝处，俾得预订祭程并免临时拥挤。威海路中社徐志摩先生治丧处。”当时参加徐志摩追悼会的多为文化界、教育界人士，如于右任、蔡元培、胡适、章士钊、杨杏佛、黄炎培、郁达夫、史量才、张元济、梅兰芳、欧阳予倩等社会名流或亲自参加，或派人送来哀辞挽联。

徐志摩的离世为新月社同人聚合提供了一个最大的诱因。知识分子日常交往除聚餐会、清谈、办刊等平常原因之外，朋友的死亡是最大的偶然性因素。

《新月》第四卷第一期制作志摩纪念号，发表徐志摩遗稿以及朋友们的纪念性稿件，这一期杂志出版之后，《新月》休刊长达半年，直到 1932 年 9 月，才由叶公超接过了《新月》主编的使命。

第五章　思君如满月

1. 三十岁的某一天

4 月，青岛的樱花从极盛到渐有零落之象，气候却仍如湘西 2 月。

仓促岁月如棋，前瞻后顾抑或信马由缰，每一步都没有回头路。

风雨正苍苍，情宜又茫茫。

人本质上都是容易忘怀的动物，无论怎样深如沟壑的裂痕，都禁不住不停地舔舐、疼痛、复原，直到再也看不出曾有的痕迹。但是，有的时候，无论走过多少地方，遇见多少人，经历了多少事，你都不愿意把那个伤口合上，这也就是所谓的情深似海。

三年来，为了一个女子，他变到懒惰不可救药，什么事都做不好，什么事都不想做。“人家要我等十年再回一句话，我就预备等十年。有什么办法，一个乡下人看这样事永远是看不清楚的！或者是我的错了，或者是她的错了，支持这日子明是一种可笑的错误，但乡下人气分的我，明知是错误，也依然把日子打发走了。”[1]

到底为什么坚持，又为什么妥协。

这一年，他三十岁。人在二十岁时永远想象不到三十岁的生活，仿佛是衰老、黯淡和青春不再，也可能是洒脱、耀眼和功成名就，但就是想象不到，三十岁的某一天和二十岁的某一天，也许并没有太大的差别。

但是当年，他二十岁到北京时，想要的一定不是现在的生活和情境。

既说不上好，又说不上不好。

至于青岛，好像随时都可能会失去，一切似乎无日不在变动。

北平各国立大学皆已停课，上海私立各大学都已成为一片瓦砾，一切组织都在变动中。“二月我过北京看了一下，各熟人皆尚能安分过日子，有小孩的小孩皆在长大，美貌女子皆在慢慢老去，生活则莫不十分平庸，按照事业拿钱，按照收入住房子吃饭，见到时代正在改变，就只向一张报纸叹叹气，没有一个人发生什么大事。”[2]

北平极穷，不敢往；上海极乱，不想去。

在青岛的住处一切都是静静的，楼上可以看到总是变幻色彩的海，天上的云总是淡淡的，夜里的天空是浅蓝色的。

1　沈从文：《1932 年 2 月 28 日致王际真》，见沈从文：《沈从文全集》（第 18 卷），太原：北岳文艺出版社，2002 年，第 163 页。

2　沈从文：《1932 年 2 月 28 日致王际真》，见沈从文：《沈从文全集》（第 18 卷），太原：北岳文艺出版社，2002 年，第 162 页。

由于地处边缘，青岛本能放下一张安静的书桌，生活也本应该是平和的。

只是，那个拉琴的女子，还占据在他的生活里，使他不能从容过日子。

暑假中，沈从文去往上海，结识巴金，正是7月末。

当时南京《创作月刊》的主编汪曼铎来上海组稿，邀请沈从文到一家俄国西菜社吃中饭，同桌的还有一位客人，就是比自己小两岁的巴金。一见如故，并邀请巴金到青岛游玩。巴金原本计划要去北平，索性就此推迟了行程，打算等沈从文开学时便先去青岛。

8月初，沈从文去苏州看望张兆和，带着巴金帮他挑选的一大包礼物。巴金给英文系毕业的张兆和挑选的全是英译精装本的俄国小说，有托尔斯泰、陀思妥耶夫斯基、屠格涅夫等著作。

没有预兆，没有知会，他就这么由着自己的想法一路南行。

2. 月下小景

姑苏城的10点钟，太阳照在九如巷半边街道上，站着一位身穿灰色长衫的年轻人。他给张家的看门人吉老头儿说他姓沈，从青岛来，要找张家小姐兆和。

此时的张兆和，已于中国公学毕业，一如假期中的任何一天，照常出门，照常去公园图书馆看书。虽然并不认识他，但是看门人仍然善意地邀请他进家中等。“这个客人一听，不但不进门，反而倒退到大门对面的墙边，站在太阳下面发愣。”这一倒退，反倒让看门人心怀歉意，于是说：“您莫走，我去找二小姐。”[1]

二小姐便是张允和，由于此时父亲张武龄与继母韦均一在上海，大姐又常常不在家，二姐成了弟弟妹妹们的头儿。张允和认出了老师沈从文，邀请他进屋等，他表现出不知所措的样子，吞吞吐吐地说出三个字：“我走吧！”像是对允和说，又像是对自己说。张允和很快转而劝说他：“太阳下面怪热的，请到这边阴凉地方来。”[2]他岿然不动。于是，只好请他留下了住处，他结结巴巴说了他的住处是个旅馆。

大约在来张家之前，他设想过很多种可能，以及应对和回应的办法，就是没想到张兆和不在家，开门迎接他的是另外一个学生张允和。

正如四妹张充和所说“二姐从小见义勇为，更爱成人之美”，[3]等午饭时张兆和回家，便劝说她去看望老师沈从文。张兆和本不愿去，但是二姐说老师远道来看学生，学生不

1　张允和：《曲终人不散》，杭州：浙江大学出版社，2016年，第211页。

2　张允和：《曲终人不散》，杭州：浙江大学出版社，2016年，第212页。

3　张充和：《三姐夫沈二哥》，见张充和：《小园即事：张充和雅文小集》，桂林：广西师范大学出版社，2014年，第237页。

去回访，不合礼数。

张兆和不得不同意，但是见面之后该怎样开口呢，二姐教她："你可以说，我家有好多个小弟弟，很好玩，请到我家去。"[1]

于是，她到了沈从文下榻的中央饭店，轻轻地敲门。她双手放在身背后，沈从文邀请他进房间，她却往后退了一步，涨红了脸，按照二姐吩咐的话，一字不改的如小学生背书似的："沈先生，我家兄弟姐妹多，很好玩，你来玩！"[2]背了以后，再也想不出第二句。于是不到一小时后一同回到家中。

沈从文带的礼物，除了英译名著，还有一对书夹，上面有两只有趣的长嘴鸟。张兆和也是后来才知道，为了给她买礼物，他卖了一本书的版权。由于礼物太贵重，她只收下了其中的两本书，分别是《父与子》与《猎人日记》。

张家有五个弟弟，轮流陪伴沈从文。沈从文善于讲故事，孩子们都听得入迷。"听得最起劲的是最小的小五弟。故事一直讲到小主人们被叫去睡觉为止。"[3]

张家小五从他每月二元的零用钱中拿出钱来给沈从文买了瓶汽水，沈从文大为感动，当下许诺五弟张寰和，要

1 张允和：《曲终人不散》，杭州：浙江大学出版社，2016年，第213页。

2 张充和：《三姐夫沈二哥》，见张充和：《小园即事：张充和雅文小集》，桂林：广西师范大学出版社，2014年，第238页。

3 张允和：《曲终人不散》，杭州：浙江大学出版社，2016年，第213页。

为他写一组取自佛经的故事。这便是后来的《月下小景》，每篇都附有“给张小五”字样。

后来，沈从文在《月下小景》的题记中写下：“我有个亲戚张小五，年纪方十四岁，就在家中同他姐姐哥哥办杂志，几个年轻小孩子，自己写作，自己钞印，自己装订，到后还自己阅读。也欢喜给人说故事，也欢喜逼人说故事。”[1]

因为一瓶汽水的情谊，他以一部书相还。

不能常似姑苏月下，漫讲故事，那便写下一千年以前的故事，也把时间留在最美的苏州8月。

3. 乡下人，喝杯甜酒吧

从苏州返回青岛，沈从文用开学前的三周时间完成《从文自传》。

按常理，三十岁，并不是一个会写自传的年纪。虽然已经发表了大量的作品，并且凭借文学创作进入大学任教，但毕竟还处于人生的起步阶段。

《从文自传》共18篇，从生长的地方写到离开湘西来到北京西河沿一家小客店，“在旅客簿上写下——沈从文年二十岁学生湖南凤凰县人”为止。[2]温习个体生命的发展

1　沈从文：《月下小景》，见沈从文：《沈从文全集》（第9卷），太原：北岳文艺出版社，2002年，第215—216页。

2　沈从文：《从文自传》，见沈从文：《沈从文全集》（第13卷），太原：北岳文艺出版社，2002年，第365页。

历程，也为将来准备一个更好的自己。

9月，开学。国立青岛大学改校名为国立山东大学。

改掉的又何止校名一事，校长杨振声在学潮和办学经费紧张的双重压力之下，坚持请辞。同时离开的还有闻一多和梁实秋，闻一多去了清华大学，梁实秋到天津编《益世报》副刊《文学周刊》。

旧识多已离去。

但因为他的生活和爱情都处于上升期，所以并未有太多的感怀。他自认为创作逐渐接近一生中最旺盛的阶段。

他那颗顽固爱她的心一如磐石，而她那顽固不爱的情却有所松动。

一想起她，就像日光洒满了海面。

第二次去苏州，是同年寒假。父亲和继母仍在上海，在张家老宅的依然是一群孩子，围着他一刻不离地想听故事。

冬天的炭火旁，他不慌不忙，随编随讲，形容狂野，形容树林。“讲到鸟，便学各种不同的啼唤，学狼嚎似乎更拿手。有时站起来转个圈子，手舞足蹈，像戏迷票友在台上不肯下台。”[1]有时候张兆和早已困极了，弟弟妹妹们也都是勉强打起精神，不好意思走开，有时就这样听着故事睡着了，大有“我醉欲眠卿且去，明朝有意抱琴来”的

1　张充和：《三姐夫沈二哥》，见张充和：《小园即事：张充和雅文小集》，桂林：广西师范大学出版社，2014年，第238页。

境界。

沈从文讲故事却不知倦意，当年在讲台上说不出话的困窘全然不见了。也许他还是更适合讲故事，而不是一本正经地说道理。

自苏州去往上海，与张兆和同行。此去上海主要目的是拜会父亲和继母。

张武龄有自办新学的开明，也有面对家庭和子女的通达。儿女婚恋自由，他从不干涉，不过问，没有门第之见。并且上海之行，张家爸爸与沈从文十分相投，亦彼此心照不宣。

1933 年初春，沈从文开学回到青岛，张兆和住在苏州。沈从文在信中委婉地请二姐允和替他向张家父母提亲。如果父母同意，求兆和早日打电报通知他，好让他这个乡下人喝杯甜酒。

允和去向父母说明，一说即成。

那时打电报，讲究用文言，字数要少，表意要清晰，还能省钱。苏州只有一处电报局，远在阊门外。张家在市中心，做人力车要拐拐弯弯走好长的路。张允和在去时的人力车上想，这份欢喜的电报应该怎么写。想到电报末尾要写上名字，允和的“允”字既表达了婚事已被应允，又署了名字，一举两得。

对于发出这封聪慧的电报，张允和得意扬扬。

这也就是沈从文所说的半个字的电报。

但发出这半个字的电报，张兆和却并不放心，担心他不知其中意。于是，张兆和悄悄地一人坐人力车拐拐弯弯走好长的路，再到阊门电报局，递上了她用白话写的电报稿："乡下人喝杯甜酒吧兆。"[1]

在当时，电报用白话文写是反常，而且对于电报而言内容既不表意，又很长，报务员不收，要张兆和改写。几经解释，才勉强收下。

从中国公学的情书，到苏州接连发出的两封电报，乡下人终于喝下了这杯爱情的甜酒。

4. 张家二姐做新娘

不只是兆和，在这一年，允和也收获了她爱情的甜酒，在张家十个姊妹兄弟中，第一个披上了婚纱。

夫君是她同学周俊人的哥哥周有光。在乐益女中时，两家兄弟姐妹常相往来，后来，允和考上中国公学，周有光在光华大学念书。两人同在上海，他有时小心翼翼地到学校来探望她，她总是矜持地不见他，梨花满地不开门。

不知反复多少次，于是有了"温柔的防浪石堤"。她虽有意于他，但还是保持客气的微笑，这客气拒人千里之外，这客气也是虚张声势的。海鸥有情有义地在水面上飞翔，

1　张允和：《曲终人不散》，杭州：浙江大学出版社，2016 年，第 215 页。

海浪不时轻柔地拍击着由江口伸入海中的防浪石堤，这石堤被年深日久的江水和海浪冲击得成了一条长长的乱石堆，但是还勉强地深入海中。“不是没有风，但是没有风；不是没有云，但是没有云，风云不在这两颗心上。”[1]

大学二年级时，张允和转入光华大学，但是彼时周有光已经毕业去了杭州民众教育学院工作。他常常有信来。“一·二八”之后，光华大学岌岌可危，张允和只好转入杭州的之江大学借读。每逢周末，他们在西湖月下，漫步九溪，“重重叠叠山，曲曲环环路。丁丁东东泉，高高下下树”。

与沈从文相似，周有光也没有置办好的家产，但张家在乎的也从来不是这些俗世之物。

1933年，张允和和周有光准备举行一个新式的婚礼。结婚前，周有光突然有些忧虑，他在信中写：“我很穷，怕不能给你幸福。”[2]允和回了一封十张纸的信，千言万语都表达了一个意思，“幸福是要自己去创造的”。

婚礼简单而饱含心思，在上海八仙桥的青年会，到了二百多位来宾。桌椅布置成马蹄形，因为在荒野中行路的人见到马蹄的激动心情，是无可比拟的。马走过的地方就有路、有水、有草、有人、有生命，也有幸福，一如他们

1 张允和：《温柔的防浪石堤》，《浪花集》，杭州：浙江大学出版社，2016年，第169页。

2 张允和口述，叶稚珊编撰：《张家旧事》，北京：生活·读书·新知三联书店，2014年，第122页。

两人彼此的遇见。

结婚仪式也很简单，一位十四岁的白俄小姑娘哥娜弹奏钢琴，四妹充和唱昆曲《佳期》，顾传玠伴奏，题目应景，清丽雅致。

张允和与周有光的结婚照背后有沈从文写的“张家二姐做新娘”。

张允和与周有光是“才子佳人相见欢”，虽不是“私订终身后花园”，但也总是浪漫地畅想着“落难公子中状元”。

婚后二人出国留学，登上了日本的“长崎丸”。

第六章　春风和烟雨

1. 我们的莎乐美公主

春光二三月，落花如风吹。山上层层梨花，落地雪白。

张兆和与沈从文订婚后，随他一同去往青岛，在山东大学图书馆做西文编目工作。此时与张兆和对桌做中文编目工作的是十八岁的李云鹤。

两人每次谈到过去的日子，总觉得应当感谢胡适，因为“若不是那么一个校长，怎么会请到一个那么蹩脚的先生？”[1]有太多的“若不是”，都会让两人的遇见变得遥不可及，若是回望，就像是此前的种种努力和此后的种种情深都是为了马不停蹄地寻你而来。

1933 年 5 月 4 日，沈从文在给胡适的信中提到与张兆和订婚之事，也表达对胡适的感激之情。“多久不给您写信，好像有些不好意思似的，因为我已经订了婚。人就是在中公读书那个张家女孩子，近来也在这边做点小事。”[2]

1　沈从文：《1933 年 5 月 4 日致胡适》，见沈从文：《沈从文全集》（第 18 卷），太原：北岳文艺出版社，2002 年，第 179 页。

2　沈从文：《1933 年 5 月 4 日致胡适》，见沈从文：《沈从文全集》（第 18 卷），太原：北岳文艺出版社，2002 年，第 179 页。

也是在这一年，沈从文开始酝酿写作《边城》。因为与张兆和去崂山北九水游玩，见到家中有人去世后，亲属到土地庙报告死亡消息，一位小女孩奉灵幡引路，她的悲喜形成了《边城》写作的触因。于是，便与兆和约好，将所见写一个故事。那吹唢呐的，打旗帜的，戴孝的，看热闹的，以至于那个小庙，使人皆不容易忘掉。这就是《边城》的创作缘起。

白云乡里有温柔，创作也是渐入佳境。正如沈从文说的那般："先前不同你在一块儿时，因为想起你，文章也可以写得很缠绵，很动人。到了你过青岛后，却因为有了你，文章也更好了。"[1]

在青岛，他最后写完的作品是《八骏图》。

小说以国立青岛大学为背景，描述八位知识分子的群像，从八个角度截取断面影像来表现八个特征化的知识分子。小说中的他们或信奉独身主义，或标榜清心寡欲，或恪守秩序名分，满口礼仪道德、学术教化，却各有各的不光彩。

在《八骏图》中总是以剪影出现的黄衣女子，其原型便是在青岛大学休养加工作的俞珊，她成为满校绿草之中最鲜艳的那抹颜色。

那个穿黄裙的女子，恰恰镶嵌在全草坪最需要一点黄

1　沈从文：《湘行书简》，见沈从文：《沈从文全集》（第 11 卷），太原：北岳文艺出版社，2002 年，第 168 页。

色的地方，偶见佳人独往来，这裙角飞扬，这惊鸿一瞥，“没有一句诗能说明阳光下那种一刹而逝的微妙感应”。[1]

但见黄裙女子一掠而过剪影之后，初到青岛大学的教授达士，在寄给未婚妻的第一封信中，用下面几句话作了结束：“学校离我住处不算远，估计只有一里路，上课时，还得上一个小小山头，通过一个长长的槐树夹道。山路上正开着野花，颜色黄澄澄的如金子。我欢喜那种不知名的黄花。”[2]

与沈从文相似，俞珊与徐志摩也多有机缘。远行至青岛，便是徐志摩的推荐。

俞珊曾出演田汉导演的王尔德剧作《莎乐美》。莎乐美，这个拥有无与伦比美貌的女子，使巴比伦国王甘心用半壁江山，换莎乐美一舞。

《莎乐美》中的唯美与颓废发挥至淋漓，还有那如死一般坚强的对于爱与美的病态向往。话剧至高潮处，莎乐美彻底裸露，身披薄纱，轰动沪上。

当年二十岁的俞珊，艳惊四座。她的清冷与邪美，惊世骇俗。甚至徐志摩在上海福熙路四明村的家中书房，还挂着俞珊的薄纱舞衣和莎乐美的剧照。

《莎乐美》公演成功之后，田汉在上海中央大戏院演

1　沈从文：《八骏图》，见沈从文：《沈从文全集》（第8卷），太原：北岳文艺出版社，2002年，第199页。

2　沈从文：《八骏图》，见沈从文：《沈从文全集》（第8卷），太原：北岳文艺出版社，2002年，第200页。

出根据梅里美同名小说改编的《卡门》，俞珊扮演女主角卡门。排演《卡门》期间，俞珊常登门向徐志摩求教。俞珊的美，美在热情奔放，美在性感却难得自然，还有那如清泉流溢于青山翠谷间的才情，而这种美与陆小曼是有相似之处的，如淡雅幽兰，却也可泼墨重彩。徐志摩对俞珊的迷恋，聪颖如陆眉，是不会不知的。于是便有了那个茶杯与牙刷的比喻，陆小曼旁敲侧击，让徐志摩与俞珊保持距离，徐志摩竟让夫人管好俞珊，让其不再登门，他便与俞珊不再有往来。虽也是很多女性保卫婚姻的做法，但徐志摩此言颇有些粗蛮无理的意思了。陆小曼也便浅淡地用看似笑谈的比喻把这个问题推还了回去："俞珊是只茶杯，茶杯没办法拒绝人家斟茶。而你是牙刷，牙刷就只许一个人用，你听见过有和人共用的牙刷吗？"

这一年，是徐志摩与爱妻陆小曼相识的第七年，生活琐事纷至沓来，不再是你只需风华绝代，只需知我心意，只需一生为我画眉的情臻浓时。

与林徽因，徐志摩是失之我命；与陆小曼，徐志摩也未必是得之我幸。

爱是诗人情感与创作的缪斯，因为求而未得所以永远是烟花三月的一抹新绿，但是相伴三餐一宿，再可爱的女子似乎也变得不再那么可爱了。

不难预测，以俞珊扮相的美艳、演技的生动，还有文人圈子的追捧，在话剧界崭露头角绝非可望而不可即之事。

但是在1930年6月《卡门》公演后，俞家以“戏子”有伤风化之传统观念，禁止女儿演戏。

俞家，本世代书香。祖父俞明震，字恪士，曾任江南陆师学堂附设路矿学堂总办，意即校长。这所张之洞为培养将才而设立的学堂，在它开设的第三年，一个叫周樟寿的贫寒学生踏进了这所学校的大门，他自绍兴往南京，求学问道，从此改名为周树人。

十八岁的周树人，成为俞明震的学生。在《鲁迅日记》中多处提及的“恪士师”，便是俞明震。在恪士师的鼓励之下，周树人赴日留学，同期东渡的还有俞明震的儿子俞大纯，正是在日本期间，俞大纯生下长女俞珊。

名门出“戏子”，饰演的角色又太过大胆，俞大纯甚至一度要登报脱离父女关系，以俞珊显赫的家世，自然是不被接受的。

退出话剧排演之后，俞珊沉疴不起，缠绵病榻。1930年10月24日，徐志摩在给梁实秋的信中说：“莎乐美公主不幸一病再病，先疟至险，继以伤寒，前晚见时尚在热近四十度，呻吟不胜也。承诸兄不弃（代她说），屡屡垂询，如得霍然，尚想追随请益也。”[1]

这个“屡屡垂询”的梁实秋，在《莎乐美》公演后，经徐志摩的介绍认识了“莎乐美公主”俞珊。而“追随请益”

1　徐志摩：《1930年10月24日致梁实秋》，见韩石山编：《徐志摩全集》（第六卷），第414页。

的俞珊，在经历了性命攸关与死里逃生之后，果真选择追随梁实秋到了初建的国立青岛大学。1931 年 2 月 9 日，徐志摩给刘海粟的信中说："俞珊大病几殆，即日去青岛大学给事图书馆，藉作息养。"[1]

莎乐美公主的到来，吹皱一池春水，令初创期的国立青岛大学活色生香。

俞珊因梁实秋到青岛大学，却引起一众教授拜倒在她的美名之下，梁实秋似乎多了情敌，少了朋友。

徐志摩在北平给上海的陆小曼写信，信上是这样说的："星期四下午又见杨今甫，听了不少关于俞珊的话。好一位小姐，差些一个大学都被她闹散了。梁实秋也有不少丑态，想起来还算咱们露脸，至少不曾闹出什么话柄。夫人！你的大度是最可佩服的。"[2]

当年陆小曼那茶杯与牙刷的隐喻，使徐志摩不至生出太多丑态，为此而庆幸。

沈从文在给友人的信中也提到了此事，"梁实秋已不'古典'了，全为一个女人的原因"。[3]

《八骏图》来源于沈从文一天中的见闻和想象，用了

1 徐志摩：《1931 年 2 月 9 日致刘海粟》，见韩石山编：《徐志摩全集》（第六卷），第 31 页。

2 徐志摩：《1931 年 6 月 14 日致陆小曼》，见韩石山编：《徐志摩全集》（第六卷），第 171—172 页。杨今甫即青岛大学的校长杨振声。

3 沈从文：《1931 年 7 月 4 日致王际真》，见沈从文：《沈从文全集》（第 18 卷），太原：北岳文艺出版社，2002 年，第 146 页。

五天便写完了这一万五千字的小说，到第二十七天，故事就已经在上海发表了。“刊物从上海寄到青岛时，同住几个专家学者，都自以为即故事上甲乙丙丁，觉得被我讥讽了一下，感到愤愤不平。”[1]损害了他们的尊严，使沈从文“无从和甲乙丙丁专家学者同在一处继续共事下去”。[2]

众人在小说中猜谜般地对号入座，找寻那些穿插藏闪之间的蛛丝马迹。

2. 黄花与绿草

《八骏图》中八位教授的原型所指，历来众说纷纭，其间有梁实秋、闻一多、赵太侔等人的影子，正因为如此，沈从文以《八骏图》结束了他在青岛的教书生活。

至于俞珊，不仅诸多天性风流倜傥的文人雅士追捧有加，甚至连向来不苟言笑的赵太侔也加入追逐“黄花”的“绿草”之中。

赵太侔，生于山东的一个农民家庭，25 岁离家赴京考入北京大学英文系，自此入江湖，毕业后又考取公费留学美国，在哥伦比亚大学专攻戏剧。话剧，是两人生命中唯一存有交集之处，她许是他找寻已久的舞台主角，早年相识，

1　沈从文：《水云》，见沈从文：《沈从文全集》（第 12 卷），太原：北岳文艺出版社，2002 年，第 105 页。

2　沈从文：《水云》，见沈从文：《沈从文全集》第 12 卷，太原：北岳文艺出版社，2002 年，第 105 页。

今又重逢，恰是故人来。

虽则如此，赵太侔参与到追求俞珊的大军中依然令众人为之诧异，素来沉默寡言的赵太侔，严谨持重，本没有追捧名媛、风流倜傥的做派，况且他不仅已婚有家室，还比俞珊大十九岁。彼此之间的鸿沟，何止一二。

但这些鸿沟，赵太侔都一一填平，他恋山恋水恋佳人，甚至不惜与结发妻子离婚，矢志追求，是为诚意。

俞珊应该比谁看得都透彻，那青山翠谷，天外飞鸿，人艳如花，也不过是文人雅集般的锦上添花。这些名人逸士追求的是在青岛这世外桃源有一个绝代风华的沙龙女主人，却并非真的想成为这个沙龙的男主人。那殷勤有加的梁实秋有妻女，而赵太侔却已是自由身。

1932 年 9 月，校长杨振声正式辞职后，由赵太侔继任校长。

1933 年 8 月，追随姐姐俞珊到青岛大学读书的物理系学生俞启威，由于参与中国共产党地下活动，被捕入狱，押解济南，即待处决。赵太侔闻讯，亲自赶赴济南，疏通营救。

最终，赵太侔亲领俞启威，送上旅费，密嘱速速远走。

此前几月，由于青岛地区共产党组织遭受破坏，由俞启威介绍入党的图书管理员李云鹤已经前往上海。世事难料，那位常去旁听沈从文小说课的女学生，于几年后转身成为电影明星蓝苹。

俞启威之事妥善解决之后四个月，俞珊与赵太侔的结婚照，便登上了《北洋画报》。1933 年 12 月 16 日的《北洋画报》刊头刊有《俞珊女士新婚倩影》的单独照，此页还刊登了《蜚声戏剧界之名闺俞珊女士与赵太侔君新婚俪影》。

这段相差近二十岁的婚姻，就此骤然开场。

赵太侔任职青岛大学期间，办学经费绝大部分为山东省和胶济铁路协款，自 1936 年，山东省主席韩复榘为镇压山东大学的学生运动，以停拨协款相威胁，并干预学校人事调整，赵太侔愤而辞去校长职务。自山东入京城，改任北平艺专校长。1937 年，神州遍烽火，儒生无处可逃秦，更何况一张安静的书桌。赵太侔随学校内迁湖南，辗转至重庆。俞珊随君一路南行，开始习旦角，也常作业余演出。

两人共同度过了抗日战争的潦倒岁月，却在抗日战争胜利的那年悄然结束了这段婚姻生活。

正如梁实秋晚年所说的“有情人终于成了眷属，虽然结果不太圆满”。

之后，彼此的生活都各自经历，巧合的是，两人的生命都结束在 1968 年，俞珊在“文化大革命”中悲愤而死，赵太侔“含冤去世”。

3. 幸福无量

当年，离开青岛后的沈从文，应杨振声之邀至北平参加中小学教科书编纂的工作。一个现代意义上的"人"字该怎样写，一切都在探索中，因此，从1912年至20世纪30年代，各种版本的教科书层出不穷。与沈从文共事的还有辞去清华大学中文系主任一职的朱自清和刚从清华大学毕业的吴晗，编辑办事处就是杨振声的住处。初到北平后，沈从文与张兆和，便暂时寄住在杨振声家。"结婚以后兆和每日可过北大上课，我则每日当过杨家编书，这编书工作，报酬每月虽只一百五十元，较之此时去做任何事收入皆少，但所编之书，将来版权则为私有，将来收入，必有可观。"[1]

至北平一切安顿下来，沈从文开始筹备与张兆和的婚礼。张家无人来主持，沈家更是无人，于是便由两人互相商量来办。

一天杨家大司务送沈从文的裤子去洗，发现口袋里有一张当票，当掉的是张兆和的一枚戒指。杨振声知道后，预支了五十元薪水给沈从文。后来杨振声与四妹充和说起过这件事，并说："人家订婚都送给小姐戒指，哪有还没结婚，就当小姐的戒指之理。"[2]

因为自小并未曾被钱财所困，又有张家父亲看淡金钱的洒脱，形成了张家子女"不以物喜"的态度。

在青岛时便是如此，张兆和带的两百块钱，沈从文拿

1　沈从文：《1933年3月24日致沈云麓》，见沈从文：《沈从文全集》（第18卷），太原：北岳文艺出版社，2002年，第184页。

2　张充和：《三姐夫沈二哥》，见张充和：《小园即事：张充和雅文小集》，桂林：广西师范大学出版社，2014年，第240页。

去给九妹交了学费，于是，她两手空空地与他一起在青岛待了下来。结婚时又用了她很多钱，一想到“三三到冬天来还得穿那件到人家吃茶时不敢脱下的大衣”，他心里便都是难过。[1]

沈从文在给大哥的信中写：“兆和人极好，待人接物使朋友得良好印象，又能读书，又知俭朴，故我觉得非常幸福。”[2]

张兆和的大姐元和从上海到北平代他们两人处置一切诸事，二姐已去日本，四妹充和为参加三姐婚礼，已于早前来到北平，便打算就此住下来，准备来年报考北京大学。

他们计划在北平请五十位客人，请某人不请某人，真是一件费神研究的问题。他们最怕送礼，怕吃酒，也怕闹，婚前半个月还未缝制新衣，一切都等大姐来北平后安排。

虽然相隔万里，也还是希望在同一天，湘西的家里也有两桌客人，一桌老亲，一桌朋友。

1933 年 9 月 9 日，沈从文与张兆和在北平中央公园的水榭结婚，没有仪式，没有主持人，也没有证婚人。张兆和穿浅豆沙色普通绸旗袍，沈从文穿蓝毛葛夹袍，都是大姐在上海为他们缝制好带来的。

在上海的巴金发来的贺电是：“幸福无量。”

---

1 沈从文：《湘行书简》，见沈从文：《沈从文全集》（第 11 卷），太原：北岳文艺出版社，2002 年，第 140 页。

2 沈从文：《1933 年 8 月 24 日致沈云麓》，见沈从文：《沈从文全集》（第 18 卷），太原：北岳文艺出版社，2002 年，第 184 页。

婚后的沈从文，如巴金所愿，幸福无量。兆和极识大体，张家亲戚皆甚好，他好像回到了生龙活虎、信马由缰的十三四岁，无事不快乐异常。

> 一个人生活前后太不同，记忆的积累，分量可太重了。不管是曹雪芹那么先前豪华，到后落寞，也不管像我那么小时孤独，近来幸福，但境遇的两重，对于一个人实在太惨了。我直到如今，总还是为过去一切灾难感到一点忧郁。便是你在我身边，那些死去了的事，死去了的人，也仍然常常不速而至的临近我的心头，使我十分惆怅的。至于你，你可太幸福了。你只看到我的一面，你爱我，也爱的是这个从一切生活里支持过来，有了转机的我，你想不到我在过去，如何在一个陌生社会里打发一大堆日子，绝想不到！[1]

婚后的新家在西城达子营，大门有屏风，院内有一枣一槐，正屋三间带一厢房，厢房便做了沈从文的书房兼客厅。沈从文在给大哥的家书中描绘了新房中的器物，皆仿古样式，有茶凳，有琴条，有花架，木器尽量用硬木、红木或者花梨木，书房预备定制一列绕屋书架。满屋琳琅，室雅墨香。

1 沈从文：《湘行书简》，见沈从文：《沈从文全集》（第 11 卷），太原：北岳文艺出版社，2002 年，第 174—175 页。

沈从文还在信中多次告诉大哥，北平的家中有十二盏点灯，言语间带着明亮的雀跃。

其实，现实的情状是新房中并无什么陈设，四壁空空，也无一般新婚气象，“只是两张床上各罩一锦缎百子图的罩单有点办喜事气氛，是梁思成、林徽因送的”。[1]

除编书工作外，杨振声、沈从文、朱自清等人同期也开始商谈编辑《大公报·文艺副刊》事宜。9月10日，沈从文以《大公报》名义举办茶话会，邀请在京作家、学者共商创办《大公报·文艺副刊》一事。

此时的沈从文，大约已成为十年前的徐志摩。他极爱朋友，爱举贤也爱清谈，往来不绝方寸间。以《大公报·文艺副刊》为平台，以茶会、聚餐会为组织形式，形成了20世纪30年代联络北平文艺界的公共空间。

9月23日，《大公报·文艺副刊》正式创刊，每周三、周六出版，编委会由杨振声、朱自清、林徽因、邓以蛰、周作人组成，“此刊物每星期两次，皆知名人士及大教授执笔，故将来希望殊大，若能支持一年，此刊物或将大影响北方文学空气，亦意中事也”。[2] 此后两年半的时间里，沈从文以《文艺副刊》为阵地，聚集了诸多自由主义知识分子，也扶植了大批的文学新人。新旧朋友，无不热情接

1 张充和：《三姐夫沈二哥》，见张充和：《小园即事：张充和雅文小集》，桂林：广西师范大学出版社，2014年，第240页。

2 沈从文：《1933年9月24日致沈云麓》，见沈从文：《沈从文全集》（第18卷），太原：北岳文艺出版社，2002年，第187页。

待，时常有贫困学生和文学青年来借贷，尤其逢年过节时，家中本就所剩不多，但沈从文总是尽其所有去帮忙。

有一次，大弟宗和邀请允和与靳以去看戏，相约在沈从文家集合。正巧有人来借钱，沈从文便问宗和、允和要去了他们看戏的钱，还说戏莫看了，等有了稿费便还给他们。两人不好意思拒绝，于是把口袋里所有的钱都给了他。等靳以来了，他还对靳以说："他们是学生，应要多用功读书，你年长一些，怎么带他们去看戏。"[1]有着虚张声势的孩子气。

巴金在给沈从文的信中有这样的话："前两个月我和家宝常见面，我们谈起你，觉得在朋友中待人最好、最热心帮忙人的只有你，至少你是第一个。这是真话。"[2]

北平入秋，鸽哨清朗，秋蝉残弱，长街满落叶。

在上海并无什么事的巴金，只提了一个藤包，里面装着一件西装上衣、两三本书和一些小东西，到北平来沈从文的新家做客。

巴金住在沈从文的书房，一住就是两个多月。每天，巴金三次穿过小小的连廊，去中间的饭厅就餐，他常常开玩笑地说自己是沈从文家的"食客"。[3]

---

1 张充和：《三姐夫沈二哥》，见张充和：《小园即事：张充和雅文小集》，桂林：广西师范大学出版社，2014 年版，第 240 页。

2 巴金：《怀念从文》，见巴金：《巴金全集》（第 19 卷），北京：人民文学出版社，1993 年，第 412 页。

3 巴金：《怀念从文》，见《巴金全集》（第 19 卷），北京：人民文学出版社，1993 年，第 414 页。

天气好的时候，沈从文就在小院的树荫下写《记丁玲女士》，也开始创作《边城》。

北平的秋，深沉又有些落寞，但空气润泽清明，景物萧疏，到处如画。在小院中一坐，槐树的光影一丝一丝漏下来，天很高远，佳人就在眼前。“心若有所悟，若有所契，无滓渣，少凝滞。”[1]

这是他创作的旺盛期，又逢朋友遇难，心中有郁结，不吐不快。

丁玲已于半年前被捕，沈从文在北平、天津的报刊上发表文章《丁玲女士被捕》《丁玲女士失踪》公开表示抗议，《记丁玲女士》连载于《国闻周报》，共连载了四个月之久。连载时文字已被大量删减，出版成单册图书时，又有多处文字被进一步删去。

他不愿辜负读者的期待，又关心朋友的安危，交稿前他常常写作通宵。“他爱他的老友，他不仅为她呼吁，同时也为她的自由奔走。也许这呼吁，这奔走没有多大用处，但是他尽了全力。”[2]

但也正是因为这些文章，使丁玲与沈从文之间产生了一些隐隐的芥蒂。

1　沈从文：《烛虚》，见沈从文：《沈从文全集》（第 12 卷），太原：北岳文艺出版社，2002 年版，第 14 页。

2　巴金：《怀念从文》，见巴金：《巴金全集》（第 19 卷），北京：人民文学出版社，1993 年，第 412 页。

4. 时代旋涡中的丁玲

丁玲被捕后的第十一天，即 5 月 25 日，沈从文写作短文《丁玲女士被捕》，发表于 6 月 4 日出版的《独立评论》第 52、第 53 合刊本。发表时，主编胡适写了一则编者附记如下：

> 此文排成后，已校对上版了，今日我得着上海市市长吴铁城先生来电，说“报载丁玲女士被捕，并无其事。此间凡关于一切反动案件，不解中央，即送地方法院。万目睽睽，决绝不敢使人权受非法摧残。”此电使我们很放心。因版已排成，无法抽出此文，故附记此最近消息于此，以代更正。（胡适，六月一日）。[1]

事后的丁玲认为：“可能就是因为有了这一大有来头的更正，沈先生这时回信给王会悟说，丁玲并未被捕，而且他同我早已没有来往了。”[2]

丁玲自认为这一符合人情冷暖、世态炎凉的猜测，有时真的未必正确。

---

1 《编者附记》，《独立评论》，1933 年第 52、第 53 号合册，第 13 页。

2 丁玲：《魍魉世界》，见张炯主编：《丁玲全集》（第 10 卷），石家庄：河北人民出版社，第 76 页。

就在《独立评论》刊出沈从文文章和胡适附记的同一天，沈从文致胡适信，一方面由于丁玲一事胡适向各处说话，以表感谢；另一方面表达对于政府回复并未抓捕丁玲的不信任。“近从上海南京各处得消息，皆同转来电报相似。政府一再表示并未捕捉这人，但事实上则人业已被捉失踪（且实由诱绑失踪）。”[1]

一个女子，在上海无端失踪，理由无非两点，第一种原因是被政府之外的某种人诱绑，但沈从文认为，并无这个可能，因为丁玲无钱，又不美；第二种原因就是被政府特务机关绑架。

因此，丁玲所说的，在那种风风雨雨的浪涛里，他向来胆小，怕受牵连，相信政府所言并帮助政府传播丁玲并未遭到绑架的消息，其实，并非事实。

友谊一旦心生嫌隙，无论怎样弥补，都带着痕迹，越想隐藏、回避、假装一切都过去了，反而裂痕越是明显。如果心照不宣地不提、不碰这个禁区，禁区倒成为一个共识，想释怀都不可能了。

在沈从文对政府绑架左翼作家的犀利控诉文章后，刊发胡适的编者附记，一是白色恐怖愈加严重，刊物、人员皆在飘摇中，将文章只定义于文字本身，而不带有政治意义；二是记录刊发国民党官方回复，将其原话公之于众，

1　沈从文：《1933年6月4日致胡适》，见沈从文：《沈从文全集》（第18卷），太原：北岳文艺出版社，2002年，第180页。

也成为大众监督之一种，不失为一种聪明的营救策略。

6月11日，胡适匆匆结束未了之事，经日本到美国。

一周之后的6月18日，国立中央研究院总干事、中国民权保障同盟总干事杨杏佛与儿子杨小佛乘车出门时，突遭四名国民党便衣特务枪击，杨杏佛当场身亡，杨小佛受伤。

中国民权保障同盟1932年12月在上海成立，发起人为宋庆龄、蔡元培、杨杏佛、黎照寰、林语堂等人。不久，鲁迅和胡适都加入了同盟。同盟的作用主要在于营救遭非法拘禁的人员，援助国内政治犯，援助言论、集会、出版自由等民权。

岌岌可危，可见一斑。

沈从文瘦弱单薄、文质彬彬，甚至上海小报文章还常常将他描述为纤弱如女子，但他从来不是逃兵。

当年，沈从文在胡也频遇害后，护送丁玲将儿子送回湖南老家，不是莫逆，难有此举。

也是在那一段时期，丁玲结识了史沫特莱，并成为挚友。两人在将幼子安稳送达，重返北平后，得知美国记者史沫特莱很想采访丁玲，已联络多时。

史沫特莱以《法兰克福日报》驻中国特派记者的身份，就此踏上革命中国的漫长征程。

胡也频等左联作家遇害后，鲁迅拟定《中国作家致全世界的呼吁书》，由史沫特莱将手稿交予茅盾润色，最终两人共同翻译为英文，发表于1931年6月出版的美共《新群众》杂志，其后又发表于苏联《世界革命文学》杂志。

为了深入报道“左联五烈士”，史沫特莱开始采访烈士遗孀。这时采访时的翻译是史沫特莱聘请的秘书冯达。

在这最苦闷、最困难、寂寞孤凄到极点的时期，她需要一份不浓不淡、不疾不徐的关怀。而这些，恰恰是那个不爱多说话，也不恭维人，带有女性温顺体贴气质的冯达，所给予她的。

> 有时他陪我去看水灾后逃离灾区的难民，他为通讯社采访消息；我也得到一点素材，就写进小说里去。我没有感到有一个陌生人在我屋里，他不妨碍我，看见我在写文章，他就走了。我肚子饿了，他就买一些菜、面包来，帮我做一顿简单的饭。慢慢生活下来，我能容忍有这样一个人。后来，他就搬到我后楼的亭子间。[1]

史沫特莱在《中国的战歌》一书中，提到由于女性的直觉，使她辞退了秘书冯达。被辞退后的冯达与丁玲同居，去了共产党中央通讯社工作，度过了长达三年的平静生活。

1933 年 5 月 14 日，丁玲被捕。同时被捕的还有冯达。

由于宋庆龄、蔡元培、鲁迅等声援，以及中国民权保

1　丁玲：《魍魉世界》，见张炯主编：《丁玲全集》（第 10 卷），石家庄：河北人民出版社，第 5 页。

障同盟、租界当局以为国内外媒体力量的联合夹击，中统抓捕丁玲后无法处置，不敢杀、不能关，也不能放，唯一的办法便只有秘密囚禁。

丁玲的被捕，是由于冯达的出卖。但是，在阴森和无望的隔绝之中，寒冷不只冻硬了她日用的毛巾、手绢、茶水，也麻木了她的心。她需要一点热，一点能抓得住的热，一点可以依靠的热。她无处可逃，也无路可选。“我在我的小宇宙里，一个冰冷的全无生机的小宇宙里，不得不用麻木了的、冻僵了的心，缓解了我对冯达的仇恨。”[1]

1934年10月，丁玲在囚禁中生下与冯达的女儿蒋祖慧，随丁玲姓蒋。

丁玲先被囚禁后被软禁长达三年。1936年年初，沈从文陪伴张兆和及儿子龙朱回苏州探亲，此行张兆和还将沈从文写给她的所有信件，都带回了苏州保存。两人过南京时，去看望过软禁中的丁玲，半年后，接张兆和母子回北平，再次途经南京，依然与张兆和同去看望了她。

也就是在这次见面三个月之后，经由鲁迅联系冯雪峰、瞿秋白，并在中共的帮助之下，丁玲得以逃离南京，秘密经上海、北平、西安，于11月奔赴延安。

从南京去北平，她拿的是往返免票，这种免票是沈从文的九妹岳萌送予丁玲的，那时候九妹在南京铁道部工作，

1 丁玲：《魍魉世界》，见张炯主编：《丁玲全集》（第10卷），石家庄：河北人民出版社，第43页。

每年都有四张二等卧车厢的免票。

丁玲成为到达中央苏区的第一位知名作家，毛泽东专门写下《临江仙·给丁玲同志》，其中就有那句著名的“昨天文小姐，今日武将军”。

离开南京的丁玲，同时也义无反顾地离开了冯达，从此两人再也没有见过面。

丁玲，也就此走向了别样人生。

第七章　明月应笑我

1. 三三专利读物

1934 年年初，沈从文因母病还乡。这是他离家十年来第一次回湘西，也是与张兆和婚后第一次长久的分别。

从北平到湘西，往返大约二十六天，云雾苍苍，山高水长。他一个人在船上，看什么总想到她，就这样一面看水，一面想她。

自从沈从文决定回湘后，张兆和总是不安，这不安在他走后似乎愈加严重。担心路上不平静，因为他说过，那条路不容易走。

临走前，沈从文与张兆和约定，每天给她写信，记下旅程的琐碎和心绪、平安和思念。只是，一封信要十天半月才能收到，收信时早已不同于写信时的情形。于是，便总想着，她收信时是快乐的，写信时的忐忑也要带着几分遮掩。

他的信总要等到船靠岸，才能寄出。并且期待着到了家或旅馆，能够有张兆和寄来的信在等着他，信中所说的正是他要听的话。

从前慢，车、船、邮件都慢，只能够有漫长的旅途、长长的思念和短暂的重逢，一生只够爱一个人。

在焦急与期待中把白日同黑夜送走，她每天计算着，他今晚到了汉口吧，明天就过长沙，他今天喝的是湘江水，明天就能看到家乡月。有时，天才蒙蒙亮，突然就醒了，醒了便无法安睡。“三四个月来，我从不这个时候起来，从不不梳头、不洗脸，就拿起笔来写信的。只是一个人躺到床上，想到那为火车载着愈走愈远的一个，在暗淡的灯光下，红色毛毯中露出一个白白的脸，为了那张仿佛很近实在又极远的白脸，一时无法把捉得到，心里空虚得很！”[1]

那一年，他在湘西沅水的小船上，给张兆和写了三十四封信，那是给三三的专利读物。这山一程，水一程，碧水浩浩云茫茫，他遇见什么样的美景，遇见什么样的事情和人，遇见什么样的美味和悦耳的旋律，都想要随时随地与她分享，忍不住提笔就写，但是在那条小船上他才发现信纸带得太少，于是又不敢写太多，怕到后面便没了纸。那些计算、担忧又极欲表达的小小心思，就跟着那条长河跌宕起伏。

他在落雨而未雪的天气里写，在煮饭的浓烟里写，在水手们的歌声里写，在船舱的烛光里写，在局促的膝头上写。一个孤孤单单的人，坐在一个见方六尺的船舱里，一寸木

1　沈从文：《湘行书简》，见沈从文：《沈从文全集》（第 11 卷），太原：北岳文艺出版社，2002 年，第 112 页。

板下就是潺潺的流水。船上除了寂寞，别的他是不怕的，除了想她，别的事也皆不难过。

三三，我今天离开你一个礼拜了。日子在旅行人看来真不快，因为这一礼拜来，我不为车子所苦，不为寒冷所苦，不为饮食马虎所苦，可是想你可太苦了。[1]

我先以为我是个受得了寂寞的人，现在方明白我们自从在一处后，我就变成一个不能够同你离开的人了……三三，想起你我就忍受不了目前的一切了。我真像以前等你回信，不得回信时神气。我想打东西，骂脏话，让冷风吹冻自己全身。我明白我同你离开越远也反而越相近。但不成，我得同你在一处，这心才能安静，事也才能做好！我试过如何来利用这长长的日子写篇小说，思想很乱，无论如何竟写不出什么来。[2]

于是，就一封接一封地写给她的长信，信纸浸透了动人的歌声、流动的水声、萧萧的风声，还有朱雀画眉婉转的叫声。南方的天气他疏远得太久了，重看来像看一本新

1　沈从文：《湘行书简》，见沈从文：《沈从文全集》（第11卷），太原：北岳文艺出版社，2002年，第128页。

2　沈从文：《湘行书简》，见沈从文：《沈从文全集》（第11卷），太原：北岳文艺出版社，2002年，第135页。

书。他在寂寞的时候写，快乐的时候也写，可惜眼前的美，她不在身边。层峦叠嶂，烟云包裹，高山皆作紫色，疏林绵延三四里，林中皆是人家的白屋顶。“山水美得很，我想你一同来坐在舱里，从窗口望那点紫色的小山。我想让一个木筏使你惊讶，因为那木筏上面还种菜！我想要你来使我的手暖和一些……”[1]

河水清浅，两岸山树如画图，秀而有致。如果是两个人回乡，该有多好。可以聊一聊说也说不完的旧事，可以并肩站在船头，可以看看这小重山，竹如翠，还有这天地有大美而不言的人间。

已是十年踪迹十年心。

命运真使人惘然，在寂寞中行舟，温习一切的过去，仿佛还是十多年前的那个他，孤孤单单，一身以外别无长物，搭坐装载军服的船只上行，对于自己的前途毫无把握。想得却不可得，你奈人生何。在一生中最美丽的十五岁到二十五岁，他恰好全是在这种情形中过去了。

但真是幸运，“一切过去的种种，它的结局皆在把我推到你身边心上，你的一切过去也皆在把我拉进你身边心上。”“我在温习你的一切。我真带点儿惊讶，当我默读到生活某一章时，我不止惊讶。我称量我的幸运，且计算它，但这无法使我弄清楚一点点。你占去了我的感情全部。

1　沈从文：《湘行书简》，见沈从文：《沈从文全集》（第 11 卷），太原：北岳文艺出版社，2002 年，第 122 页。

为了这点幸福的自觉，我叹息了。”[1]

这次回乡，沈从文请了一个月的假，但在家的时间只有三天，其他的时间全在路上了。母亲病得很严重，虽然已过了危险期，但人还是瘦得很。他希望把三三的一切好处让家中人知道，也让母亲快乐一点。他不想离开，但又不能不离开。

时间不许他从容。

回程比去时快了些，一叶扁舟，急于奔马。就在沈从文走后半个月，母亲黄素英在凤凰病故。

当时到家后，他曾给三三写信说买些白松糖浆寄回来，不知道母亲最后等到了没有。

也是在这一年，沈从文的代表作《边城》于上海生活书店出版，书出版时心中充满悲伤。

《边城》里澄澈的溪水、天真的翠翠、美好的人情、隽永的诗篇，成为文学的桃花源。但是这个世界有它的悲哀，却要在悲哀中微笑。“二十年来生者多已成尘成土，死者在生人记忆中亦淡如烟雾，惟书中人与个人生命成一稀奇结合，俨若可以不死，其实作品能不死，当为其中有几个人在个人生命中影响，和几种印象在个人生命中影响。”[2]

同样是在这一年，长子沈龙朱出生。用了沈从文的作品名，起名龙朱。

1　沈从文：《湘行书简》，见沈从文：《沈从文全集》（第 11 卷），太原：北岳文艺出版社，2002 年，第 159 页。

2　沈从文：《边城》新题记。

2. 你站在桥上看风景

沈从文在往返湘西的船上,写的这些摇摇晃晃的家书，在回北平后都经整理发表，并于1936年在商务印书馆出版，命名为《湘行散记》。

在信中，沈从文除了三三，最常提起的就是四丫头，四丫头同三三的照片他带在身上,四丫头要多认识些生字，四丫头写的文章他还没有改,四丫头一定是抢了信先去看，那便让她先看吧，“因为她看了才会把她的送你看”。[1]

此时的北平，有四丫头张充和、九九沈岳萌，和三三小时候的奶妈朱干干一起陪伴张兆和。张家姐弟都有自己的干干，断奶后便由干干带领，“不吃奶，干带，所以叫干干”。[2]

1934年，张家四丫头充和报考北京大学，当时北大考试有四门功课：国文、历史、数学、英语。四门中国文和历史，是自幼就打下的功底；英文在中学学过两年，也不难掌握；只有数学，她看不出学习的意义，也不知道该如何入手。那一年，国文考题特别难，但是她得了满分，数学却得了零分。当时北大有规定，考生出现单科成绩为零的情况不能录取。可学校一些有名望的学者看了她的国

1 沈从文：《湘行书简》，见沈从文：《沈从文全集》(第11卷)，太原：北岳文艺出版社，2002年，第138页。

2 张兆和：《大大和三干干》，见张允和口述，叶稚珊编撰：《张家旧事》，北京：生活·读书·新知 三联书店，2014年，第34页。

文试卷，都很希望能录取这位学生。“据说当时还重审了她的数学卷子，看能不能有理由给几分。可负责重审的听说是华罗庚的清华同学许宝騄，书呆子气十足，白费了工夫重审试卷，还是零分。”[1]

最终考试委员会惜才心切，违反常规坚持录取了张充和进入中文系。

报考北京大学时，张充和改名张旋，她喜欢戴一顶红色帽子，北大的同学都叫她“小红帽”。开学后系主任胡适在点名时说：“张旋，你的数学不大好。”1984 年，二姐允和到美国，和四妹夜里闲聊说起此事，充和还玩笑说：“其实是大不好。”[2]

那时，沈从文在达子营的家中常有聚会，也常有年轻的作者来聊天，有时候聊文学和写作，也会聊到时局和人生。就是在那个充满翠意与诗情的小院里，刚刚从北京大学英文系毕业的卞之琳遇见了张充和。

两位年轻人都自江南来，又都爱好昆曲和文艺，卞之琳对张家四小姐有情，四小姐却对诗人无意。

与四小姐相识后，不写情诗的卞之琳相继写出了《断章》《鱼化石》，并以情诗传世。

你站在桥上看风景，

1 张允和口述，叶稚珊编撰：《张家旧事》，北京：生活·读书·新知 三联书店，2014 年，第 161—162 页。

2 张允和口述，叶稚珊编撰：《张家旧事》，北京：生活·读书·新知 三联书店，2014 年，第 162 页。

看风景的人在楼上看你。

明月装饰了你的窗子，
你装饰了别人的梦。

只是张充和却对诗人并不太欣赏，她评价卞之琳的诗歌“缺乏深度”，还认为诗人“不够深沉”，“有点爱卖弄”，“觉得他的外表——包括眼镜在内——都有些装腔作势”。

后来，张充和并未从北大毕业，而是放弃了北大学业。表面上说是因为染有肺结核，要回苏州老家养病；实际是由于感觉学校已经无法静心学习，政治集会、游行等都是她不了解，也不想了解的。

退学后的张充和，从北平回到苏州老家。其后不久，卞之琳由于母亲病逝，回家奔丧，还专门由家乡海门去苏州探望张充和。此去苏州，卞之琳在张家还曾小住几天，之后便是分别了。

3. 翠翠的译介与项美丽

1936 年，《边城》有了英文版翻译，译者是项美丽，连载于《天下月刊》（*T'ien Hsia Monthly*）第一至四期。当时《边城》英文译名是 *Green Jade and Green Jade*，《翠翠与湘西》。

1935年，《纽约客》专栏作家、即将三十岁的美国姑娘艾米莉·哈恩，因排遣失恋的苦闷之情，踏上了一艘“开往中国的慢船”。她为观看陌生的风景而来，但对转变的上海谈不上期待。

十里洋场，沙龙云集。除了文人的诗酒纵谈之外，同样也有很多声色之所。

周末派对是艾米莉最初认识上海的方式，并立即成为沙龙的宠儿。年轻、聪慧、风情，“劈柴喂马，周游世界”的美国姑娘，在当时的上海，不可多得。来到上海两周之后，艾米莉选择留下来，甚至还在英文报纸《字林西报》找了份工作。

在上海的沙龙，她结识了邵洵美，并有了一个别致的中文名字——项美丽。

在项美丽眼中，邵洵美是眉清目秀、长发高额、有希腊式完美脸庞的美男子，他既老派，又摩登；既传统，又西化。

虽与君风月场相识，但并不减情真。她不计得失，全情投入，奋不顾身。

关于邵洵美，鲁迅的《拿来主义》一文中有这么一段话：“譬如罢，我们之中的一个穷青年，因为祖上的阴功(姑且让我这么说说罢)，得了一所大宅子，且不问他是骗来的，抢来的，或合法继承的，或是做了女婿换来的。那么，怎么办呢？我想，首先是不管三七二十一，‘拿来’！”

相当长的一段时期内，课本对文章中“做了女婿换来的”一句话的注释是：“这里是讽刺做了富家翁的女婿而炫耀于人的邵洵美之流。”

鲁迅文章的一条注释，遮蔽了邵洵美的一生。“有富岳家，有阔太太，用陪嫁钱，作文学资本。”成为邵洵美的盖棺定论。

事实上，邵洵美的确做了富家翁的女婿，但却并非鲁迅笔下的“穷青年”。

邵洵美本名邵云龙，祖父邵友濂，同治年间举人，官至一品。邵友濂有妻妾三人，生下两儿一女。二儿子邵恒，娶的是盛宣怀家的四小姐盛樨蕙，邵云龙是邵恒的长子。由于大伯邵颐中年去世，并无子嗣，按中国传统礼数，邵云龙被过继给大伯母，即李鸿章的嗣女，她是李鸿章疼爱的小弟李昭庆的三女儿，昭庆英年早逝，李鸿章视其如己出。于是，邵云龙成为邵家的长房长孙。

邵云龙迎娶的是表姐盛佩玉。遇见佩玉，邵云龙将名字改为“洵美”。[1] 来源于《诗经·郑风·有女同车》：

有女同车，颜如舜华。
将翱将翔，佩玉琼琚。
彼美孟姜，洵美且都。

1 盛佩玉：《盛氏家族——邵洵美与我》，北京：人民文学出版社，2004 年，第 52 页。

为了和表姐的名字相配，共缠一枝，仿若连理，邵云龙在这首诗中选择了“洵美”二字。

这是一个读书人表达爱意、浪漫且狂傲的方式。

邵洵美自剑桥留学归国，与徐志摩过往甚密，而沈从文亦如是。邵洵美作为唯美派的代表诗人，他的小说理念与文学观念与沈从文是相通的，他对于沈从文创作的推崇，难以言喻。

写诗、出版、纵情交友，是青衫贵公子的一念执着。

深情如洵美，喜穿长衫，跳西式舞，脸色苍白，薄施胭脂，自陈这是唐人风度。

深情如洵美，名士雅集，洒脱倜傥，烟云水气，风流自赏，绝世一脉魏晋风度。

项美丽因一个人爱上了一座城，中国没有邵洵美就不可爱了。

在邵洵美的引荐和帮助之下，项美丽写作完成《宋氏姐妹》，登上《纽约时报》畅销书榜，声名鹊起。项美丽成为宋氏三姐妹的第一位传记作者，也是唯一一位对三姐妹都做过近距离采访的记者。

此生流转，她写了一辈子的中国，也做了大量的文学翻译。

至于邵洵美，1968 年他吞噬鸦片精病故，三代煊赫，死后萧条。去世十七年后，邵洵美的“历史反革命案”被平反。

第八章　烽火照京都

1.1937 年，烽火与人家

1937 年，沈从文三十五岁。

这年 5 月 31 日，次子出生，取名沈虎雏，依然取自他的作品名《虎雏》。

7 月 3 日，在给大哥的信中，提到的都是琐碎家事、心情天气、人情小物。他邮寄了一把扇面，凤眼竹的扇骨，扇面画为朋友作，字是沈从文写，如果不用的时候，可以取下来裱成一个册页。

新家的住处已在收拾，住处在后门外国祥胡同十二号丙，半月内必会搬过去。新居是个王府的后屋，房间大而高，清静安逸，只是去市区远一些，“地近北城根，普通人住北平廿年，也不会有机会到此等去处。买东西大致系在后门大街一带，若往西城看戏，必须坐洋车一小时，若往前门，则更远矣。”[1]

北平今年多雨，尚不甚热，蚊蚋虫虱少，故度

1　沈从文：《1937 年 7 月 3 日致沈云麓》，见沈从文：《沈从文全集》（第 18 卷），太原：北岳文艺出版社，2002 年，第 233 页。

夏甚便利。南方人年来多有来此避暑者，市容整齐，东西甚贱，住处比南方又好又贱，将来恐将成为一避暑地亦未可知。[1]

这一年多雨的北平，原本迎来一个安稳的夏天。只是在沈从文这封信写完四天后，大哥还没收到信，北平已是黑云压城。

7月7日夜，日军向卢沟桥一带中国军队开火，中国守军第二十九军予以还击，卢沟桥事变发生，全面抗日战争开始。

卢沟桥位于北平永定河上，距广安门10公里，近在咫尺。事变发生后，各城门每天均关上，只偶尔开放片刻。大街上都是沙袋战壕，并有机关枪把守。各路交通断绝，“欲离开此大城者亦苦无法可走”。市面萧条，人心沉郁。

有朋友主张送妇孺离开北平，但此时张兆和生产后不久，沈虎雏不满四十天，无论如何是走不了的。如果时局再乱，他打算将九妹送至上海，长子龙朱送到苏州，“兆和同虎雏仍得在我身边同进止也”。

“我个人意思绝不与此大城离开，因百二十万市民与此城共存亡，个人生命殊太小也。”[2]

1　沈从文：《1937年7月3日致沈云麓》，见沈从文：《沈从文全集》（第18卷），太原：北岳文艺出版社，2002年，第234页。

2　沈从文：《1937年7月15日致沈云麓》，见沈从文：《沈从文全集》（第18卷），太原：北岳文艺出版社，2002年，第236页。

他是准备留下不走的。

只是时局比他预料的发展要快得多。

7 月 27 日，胡适在日记中记下："华北消息大恶。"[1]

7 月 29 日，北平、天津相继沦陷。

8 月 12 日，接教育部秘密通知，沈从文与北大、清华等学校的教师一起离开北平。同行的有杨振声、梅贻琦、叶公超、周培源、朱光潜、梁宗岱等人，他们经天津、烟台、济南、南京到武汉。

之所以会给沈从文下发通知，是由于此时他与杨振声在编辑的那套教科书，实际上是"抗日的教科书"。沈从文晚年回忆时提道："我本来不是三个学校的，他们开了一个会，指定要我离开北京，怕出事情。或是被日本人利用，或者吃亏。"[2]

撤离的通知是前一天晚上 10 点发出的，第二天一早就要走。

战争来了，国家在一切无准备情形中，接受了这个山河破碎的困境，个人自然也免不了如此急剧匆忙，来应付面前的现实。

时局动荡，娇妻幼子，却又不得不丢下家小，扮作商人离开沦陷不久的北平。

1　胡适：《1937 年 7 月 27 日胡适日记》，见胡适：《胡适全集》（第 32 卷日记），合肥：安徽教育出版社，2003 年，第 656 页。

2　王亚蓉编：《沈从文晚年口述》，西安：陕西师范大学出版社，2003 年，第 153—154 页。

如果可以假设，如果沈从文那时没有走，他大约就与苦雨斋里的周作人一样，都存在一个难以评判的问题。在政治旋涡中，以自由知识分子自居，但是风雨苍黄，又何以自处。

在沦陷的北平，“旧日友人各自上漂流之途”之际，周作人知道“此虽亦是一种苦”但却“尚不忍即舍去也”。[1]1937年11月1日，《宇宙风》刊发了周作人的信，其中提及“请勿视留北诸人为李陵，却当作苏武看为宜”。

2. 未解忆长安

1937年9月9日，北平的早晨下了极大的雨，雷声震耳，在北平的张兆和，哄着小儿，看到外面廊下积水成湖，“猛的想到九月九日，心里转觉凄凉”。[2]

他在仆仆风尘中，是否还记得这个日子？

已是整整四年，她还在她做新娘时的北平，不知道他这一晚在颠沛中住在什么地方。

她提笔给他写信，在漫长飘零的时期，沈从文与张兆和大量来往书信中幸存下来最早的一封信，就是张兆和写在结婚四周年纪念日的这一封。“我们在家平常深居简出，

1 周作人：《知堂杂文》，北平：新民印书馆，1944年，第117页。

2 张兆和：《1937年9月9日 张兆和致沈从文》，见沈从文：《沈从文全集》（第18卷），太原：北岳文艺出版社，2002年，第238页。

北平市面比一月以前更形萧条，入晚夜静，枪声时有所闻，城内尚安，奇怪的是西长安街的两大戏院却常常是满座。”[1]

> 家中可不必惦念，小龙瘦而精神，问及爸爸时，总说：“爸爸到上海替我买大汽车，买可可糖。”虎雏十分壮健，驯白爱人，“遥怜小儿女，未解忆长安”，他们哥儿俩你不必挂念了。……望你保重。[2]

沈从文一路远行，离张兆和越来越远。收到这封信时已是9月22日。

烽火连三月，家书抵万金。

“孩子无知，日望爸爸从上海买糖回，可笑亦可怜也。”但是，家人还是不能一起南行，上路虽然可侥幸不至于受轰炸，但传染病太多，孩子又太小。“故目前不欲彼等南来，且待将来再看情景，定过合肥或来武汉不迟也。”[3]

从9月起，沈从文在武汉，住在珞珈山，利用武汉大学图书馆资料，继续编辑教科书。

至于北平，城中秩序还好，燕京大学正常开学了，教

1 张兆和：《1937年9月9日张兆和致沈从文》，见沈从文：《沈从文全集》（第18卷），太原：北岳文艺出版社，2002年，第239页。

2 张兆和：《1937年9月9日张兆和致沈从文》，见沈从文：《沈从文全集》（第18卷），太原：北岳文艺出版社，2002年，第240页。

3 沈从文:《1937年9月23日 复沈云麓》，见沈从文:《沈从文全集》（第18卷），太原：北岳文艺出版社，2002年，第243页。

书人被困在城中难以脱身者也有不少。

1937 年的中秋节是 9 月 19 日，一家人分五六处同看中天圆月，尚为初次。

今夜鄜州月，闺中只独看。

北平的中秋节，张灯结彩，盛况空前。十余天不闻炮声，仿佛是天下太平，西单鼓楼人山人海，犹如过年。晚间张兆和、九妹与孩子们在阶前坐了很久，四天前是她的生日，而今中秋节也过去了，重要的日子都挤在了九月半。她一人支撑在北平的家，去留还是难以选择，每到节日，不免感慨。

若走，原因一是为来源断绝担心，吃穿用度大约只能支撑到年尾；二是北平的朋友都陆续走了。林徽因一家也于这年 9 月 5 日，拖着病体离开了北总布胡同三号的四合院，从此踏上流离之途。一路行来，满目疮痍，她在信中问沈从文："二哥，你想，我们该怎样的活着才有法子安顿这一副还未死透的良心？"

大片乌云笼罩在北平的上空，许多熟人都去了南方。但张兆和却有些抱定在北平住下的决心，"有着乡下老太婆死守家园的固执"。"前两天整理书信，觉得更不愿意走了，我们有许多太美丽太可爱的信件，这时候带着麻烦，弃之可惜，这还只书信而言，另外还有你一大堆乱七八糟的书籍文稿，若我此时空身南下，此后这些东西无人清理，也就只有永远丢弃了。"于是，且慢等等。

这年秋冬时节，沈从文两三本待印的书稿毁于淞沪会战的战火中，寄存在苏州的全部情书也在日机轰炸中毁去。

苏州的家屋毁于炮火，书籍尽毁。至于在战火中毁掉的属于他们夫妇的东西，衣服瓷器不可惜，令张兆和难过的一是母亲的相片，二是沈从文的情书。信札包括第一封他亲手交到她手上信，到住到北京公寓为止的全部信件，他们的青春和哀乐统统在里面，无法再来第二回的。“那些信是我俩生活最有意义的记载，也是将来数百年后人家研究你最好的史料，多美丽，多精彩，多凄凉，多丰富的情感生活记录，一下子全完了，全沦为灰烬！”[1]

美好的记忆和安稳的现世，都没有了。

3. 千里飘零

担心他无枝可依，无处可栖，被面、被单、衬衫、课本、宣纸、图章、丝绵袍、厚呢裤、钢笔尖等，她皆从北平给他寄去。

信中说的不再是情话。

她多次写信叮嘱他，要节省用度，他是从来不懂节俭的，于是，勤俭与计算便不得不成了她的工作。她最怕开口求人，哪怕是自己的父亲，家中已有继母，她有她的苦衷。但是

1　张兆和：《1937 年 12 月 14 日张兆和致沈从文》，见沈从文：《沈从文全集》（第 18 卷），太原：北岳文艺出版社，2002 年，第 279 页。

不得不借钱的时候，她写信给大姐，寄了二百元给沈从文。

我想着你那性格便十分担忧，你是到赤手空拳的时候还是十分爱好要面子的，不到最后一个铜子花掉后不肯安心做事。希望你现在生活能从简，一切无谓虚靡应酬更可省略，你无妨告诉人家，你现在不名一文，为什么还要打肿脸充胖子？我这三四年来就为你装胖子装得够苦了。你的面子糊好了，我的面子丢掉了，面子丢掉不要紧，反正里外不讨好，大家都难过。[1]

我不喜欢打肿了脸装胖子外面光辉，你有你的本色，不是绅士而冒充绅士总不免勉强，就我们情形能过怎样日子就过怎样日子。我情愿躬持井臼，自己操作不以为苦，只要我们能够适应自己的环境就好了。这一战以后，更不许可我们在不必要的上面有所奢求有所浪费。我们的精力，一面要节省，一面要对新中国尽量贡献，应一扫以前的习惯，切实从内里面做起，不在表面上讲求。不许你再逼我穿高跟鞋烫头发了，不许你用因怕我把一双手弄粗糙为理由而不叫我洗东西做事了，吃的东西无所谓好坏，

1　张兆和：《1937年10月5日张兆和复沈从文》，见沈从文：《沈从文全集》（第18卷），太原：北岳文艺出版社，2002年，第248页。

穿的用的无所谓讲究不讲究，能够活下去已是造化，
我们应该怎样来使用这生命而不使他归于无用才好。[1]

婚后四年，育有二子，又经战争，生活的琐碎、现实与残酷扑面而来。也想就那么生活在他写来的信里，缠绵悱恻，情意绵绵，一如当年；也想就给他写写体己的话，让他在远方有诗意和爱情，但是一落笔就是絮絮不休的现实生活。白头到老，靠的并不是美好的文字，多么遗憾。

她独当一面，每天计算吃穿与结余，还要担心战争会不会继续，炮火会不会突然落下，孩子们是否安全，一大家子人又该怎么生活下去。不忍对未来怀有过多奢望，那些细腻柔软的少女心思，就这样逐渐变硬了。

虽然总是絮叨地叮嘱，但还是左凑右借地寄钱给他。她焦灼于未来的生活，已经负下了太多的债，眼见着还要负得更多，他总好像有人借钱给他们用就很好了，但她想起了却非常着急。生活清苦些无妨碍，如果有了薪水，定要尽快还债。

她在信中叮嘱沈从文无论是给大姐元和还是给大弟宗和写信，都不要提到借钱的事，如果真到不得已，借钱的话还是由她自己说为好，她不愿意这话由他口中说出去。她不喜欢求人，不想看别人脸色，也害怕成为别人的负担，

1　沈从文、张兆和著，沈虎雏编选：《从文家书——从文兆和书信选》，上海：上海远东出版社，1996 年，第 78–79 页。

她不想被钱财所匡，也不想他为钱财所困。

两个人的关系中，三三从学生变成了长辈，沈从文从老师变成了孩子。

她不再是那个美好、善良、活泼，生活在他幻想中的张家三姐，而他却依然还是那个敏感、单纯、感性、憧憬多于现实的沈家二哥。

他要她继续译书，在她看来完全是梦话。一是没有闲暇时间和闲情逸致；二是翻译出来给谁看，还是收敛了吧。

她为柴米油盐抱怨，他对感情生活沉迷。她是积极的现实主义者，他是浪漫的理想主义诗人。

但是，两个人的世界里，总要有一个人困于俗世生活。

战乱、流离，以及家人在遥远的北平，沈从文渐生飘零之感，他在给张兆和的信中提及："你和孩子虽十分平安，还是不能安心，要做事，总有所牵绊，不便做。要写文章，不能写，要教书，心不安，教不下去。并且我自己知道你同时也知道，就是我离开你，便容易把生活转入一种病态，终日像飘飘荡荡，大有不知所归之慨。"[1]

他在武汉，每天事如往常，学校开门一天，必一切按照往日之安排，按时到图书馆书库中抄书，按时编书。

原本商议好的11月张兆和带着孩子们南来，却迟迟没有上路。他想着，就战时情景，能在一处，即或过点困

1 沈从文：《1937年11月6日复张兆和》，见沈从文：《沈从文全集》（第18卷），太原：北岳文艺出版社，2002年，第261页。

难日子，吃碗稀饭，也必比两地分开彼此牵挂为好。对于张兆和选择留在北平，也说了一些负气的话，“你尽管说我不好，我在你身边时，麻烦你太多，共同过日子又毫无快乐可言，去你所理想太远，说不定留在北平，凡我所能给你的好处瑞蕖或三婶就能代替，此外也正因为我不在你身边，还有更多想象不到的人给你的尊敬和友谊，使你觉得愉快。……你即或是因为北平有个关心你，你也同情他的人，只因为这种事不来，故意留在北京，我也不妒忌，不生气。”[1]

因为她不南行，他胡思乱想，无法安心，甚至放任自己说了伤人的话。

婚后的生死安危、柴米油盐，与过去的阳春白雪、纸上谈情，莫可比拟。

> 我这人原来就是悲剧性格的人物，近人情时极尽人情，天真时透底天真，糊涂时无可救药的糊涂，悲观时莫名其妙的悲观。……到某一时自己振作不起来，就好像什么也不成功，你同我分裂是必然的，同别人要好是自然的。我到头还是我，一无所能，一无所得，与社会一切都离得远远的，与你也离得远远的。真糟糕，救济它只有一法，在你面前就什

1 沈从文：《1937 年 11 月 6 日复张兆和》，见沈从文：《沈从文全集》（第 18 卷），太原：北岳文艺出版社，2002 年，第 262—263 页。

么都转好了，一切颜色、气味、声音，都感觉很满意，人仿佛就站住了，你一时不来呢，活该受罪，受自卑到无以复加的罪。[1]

对于他的脾气，她皆安抚有之，浅浅几句也便把他的小情绪一一化解了。心下打算着，只要渡过眼下难关，精神好，身体好，一切都好办。“希望你懂事一点，勿以暂时别离为意，我的坚持不动原早顾虑及此，留在这里也硬着头皮捏一把汗，因为责任太大，一家人的担子全在我身上，我为什么不落得把这担子卸到你身上，你到这时自可以明白，你当时来信责备得我好凶，你完全凭着一时的冲动，殊不知我的不合作到后来反而是同你合作了。”[2]

面对战时背景和一切都不在轨道的现实环境，她也很快就从自怨自艾、感时伤世中走出来。

我觉得我们以前的生活方式是一种错误，太舒服了，不是中国人的境遇所许可的，一次战争，一回淘汰，一种实验，死的整千整万的死去，活着的却与灾难和厄运同在，你所说的“怎样才配活下去？”正是我想了又想的。我脑筋十分清晰，可是心难免

---

1 沈从文：《1937 年 11 月 6 日复张兆和》，见沈从文：《沈从文全集》（第 18 卷），太原：北岳文艺出版社，2002 年，第 264 页。

2 张兆和：《1937 年 12 月 11 日张兆和复沈从文》，见沈从文：《沈从文全集》（第 18 卷），太原：北岳文艺出版社，2002 年，第 277 页。

有点乱。[1]

不知道未来是怎样的世界，在她看来，正是给大家一个反省的机会，彻底改造他们的生活，“扫除一切虚伪的绅士小姐习性”，不靠保姆和阿姨，用自己的手养活自己和孩子。[2]

若是平常日子里，总容得下一场理想主义的爱情，为情困，为情苦，爱意浓，良辰美景且伴君。但是而今十里一走马，五里一扬鞭，爱情与倾城之间，显得异常渺小。

关于沈从文，她不能不为他担忧。在她看来，他平时的计划，往往所见不远，往往顾此失彼，因此常常会轻易许诺并难以兑现，不但事情到最后并无结果，还招致罪尤。

我是同你在一起受你责难最多的一个人，我希望你凡看一件事情，也应替人想想，用一张口，开阖之间多容易啊，这是说你对日常事物而言，惟其你有这样缺点，你不适宜于写评论文章，想得细，但不周密，见到别人之短，却看不到一己之病，说得多，

1　张兆和：《1937年12月14日张兆和致沈从文》，见沈从文：《沈从文全集》（第18卷），太原：北岳文艺出版社，2002年，第278页。

2　张兆和：《1937年12月29日张兆和致沈从文》，见沈从文：《沈从文全集》（第18卷），太原：北岳文艺出版社，2002年，第285页。

做得少，所以你写的短评杂乱，就以我这不通之人看来，都觉不妥之处太多。以前你还听我的建议，略加修改，近一二年你写小文章简直不叫我看了，你觉得我是“不可与谈”的人，我还有什么可说！不过我觉得你的长处，不在这方面，你放弃了你可以美丽动人小说的精力，把来支离破碎，写这种一撅一撅不痛不痒讽世讥人的短文，未免太可惜。本来可以成功无缝天衣的材料，把来撕得一丝丝一缕缕，看了叫人心疼。我说得太直了，希望你不要见怪。说到我们此后生活问题，你所见较大较远方面，我都一一同意，但就较近较切身的眼前生活而言，虽然暂时无可问题，但若果真你的工作明年不能继续，我希望你要早一点想办法才好。[1]

4. 离别岁月多

鱼书欲寄何由达？水远山长处处同。

1938 年 1 月，政府批准临时大学转移昆明计划，编教科书的办事处也决定向昆明转移。沈从文带了几人先行回了故乡，安置在大哥的新家中，停留了近三个月。

耗费诸多心力编辑的教科书，他们打算即便无法出版

1 张兆和：《1937 年 12 月 17 日 张兆和致沈从文》，见沈从文：《沈从文全集》（第 18 卷），太原：北岳文艺出版社，2002 年，第 281—282 页。

也要编成，即便拿不到薪水也要编成。“守职即所以爱国，既不能去打仗，尽力做我们的事，也是一法。”[1]

在北平的张兆和，在1月的冷清里，不知道他正置身何处，想到他有那样一个艰苦的旅途，想到他越走越远，不知要经过多少时日若干困难始能会面，心中自不免难过。平日身边熟知的朋友全走了，战事扩大，北平难免波及，长此下去，生活无着，愈陷愈深，更不可拔。但是，她因种种问题，仍未断然决定，一是路费不足；二因天气寒冷；三则沈从文此时尚居无定所，带着孩子跟他四处迁徙，并不是良策。

在相当长的流离之中，两人通信频繁。有时候，张兆和一天甚至能接到沈从文的六封信。“我又欣喜你有爱写信的习惯，在这种家书抵万金的时代，我应是全北京城最富有的人了。”[2]

这时期的书信后来汇编成了《飘零书简》，然而，《飘零书简》早已不复当年《湘行书简》的恬淡、幽深和闲散，好像除了思念并没有什么重要的事。

1938年正月初一是1月31日，又逢佳节，仍别离。两个孩子都是在除夕的那天忽然学会走路，向未来的新天地迈出第一步。在乱世之下，人如惊弓之鸟，况且外面谣

1　沈从文：《1937年12月9日致沈云麓》，见沈从文：《沈从文全集》（第18卷），太原：北岳文艺出版社，2002年，第274页。

2　张兆和：《1938年1月31日张兆和致沈从文》，见沈从文：《沈从文全集》（第18卷），太原：北岳文艺出版社，2002年，第293页。

言众多，令人将信将疑。市内通宵不断的爆竹声至天明更烈，她独坐灯下为他写信。想到身上的责任，极烦恼，不如意的事只能写信给他讲，却不知道他何时能收到，甚至是否能收到。

4月12日，沈从文计划从沅陵启程去往昆明，路上至少需要十天。午时，他给张兆和写了一封信，这封信收到的时候，也许他已经安然到了昆明，也许就在半路出了意外，意外在乱世极平常。

> 你记着一件事，不必难受，好好地做个人为是。国家需要你这样，孩子需要你这样，尤其是二哥，盼望你这样。死者完事，生者好好地活。使孩子健康地长大，受良好的教育，不堕落，有父亲之刻苦做事，厚道待人，有母亲之明大体，爱清洁，守秩序，这就是成功，也就是做人。忘了我的小毛病，数年来对你的许多麻烦，且忘了我的弱点。应当忘掉的都得忘掉，莫为徒然痛苦所压倒。正因为未来日子甚长，可做事还多，你还年纪很轻。[1]

他原本什么都不怕，只是想起妻儿，好像胆量也小了。原本今天就要上路，但因为甚感疲倦以及腰部不适，便再

1　沈从文：《1938年4月12日致张兆和》，见沈从文：《沈从文全集》（第18卷），太原：北岳文艺出版社，2002年，第303—304页。

延一天吧。想着此时在北平的张兆和一定也在家庭琐事中疲惫异常，如果此时两个人在一起，这疲倦便可抵消。两个人可以很平静地坐在长廊下面，看黄昏中小山城炊烟如何慢慢上浮，拉成一片白雾，一切鸟声、喧闹声犹如浮在这白雾里。

想念孩子，却只想念是真实的，浓烈的情绪没有出口，已经全然想不出孩子的样子，头发、眼睛想不出，神气也想不出。

4 月 13 日一早，沈从文就准备出门了。“晨起动征铎，客行悲故乡。鸡声茅店月，人迹板桥霜。”温庭筠的几句诗，说的就是早起远行的这般情景。

到昆明已是 4 月 30 日，编辑教科书的办事处在青云街 217 号租了房子，与办事处同租 217 号房子的，还有傅雷一家。

到昆明的第二天，先行已到昆明的梁思成与林徽因，陪他到昆明的高地，看山深树密，欣赏雨后风景，天空如汝窑淡青。他们一致认为昆明是一个应该发展文化艺术的最理想的环境。虽然这样认为，但此时之昆明，实在没有发展艺术的财力。

生活表面上已经安定了，精神上总是飘飘荡荡。期待妻儿从北平来，只有与他们一起才能心安，房子也已经收拾好。但是，久盼不至。

时间一走，又是半年。8 月 14 日，沈从文给张兆和回了一封简短的信，一写信就像与她生气似的。她若愿来，便早上路，他的信已经写得太多了，不必再等回信，也不必再用“等回信”拖延时日，使他白白坐等。

虽然说了不写信，但在同一天，他还是另写了一封信，只是写给的是长子龙朱。这时龙朱尚不满四岁，并无读信能力，其实写给的还是张兆和。

> 你姆妈七月卅一来信，还问我事情，等回信，我真不大高兴，不再回她信。……我希望你姆妈体谅我一些，不要再为什么事等我回信。且希望带你和小弟弟来，不要怕这样那样。

> 她不愿来，我盼望她托个人让你来。你来这里我使你上学校，同好些小朋友玩。还可带你出城看大黄牛，看马，骑马，骑牛。我欢喜你，想念你。你是我的好孩子。[1]

一直到这年的10月，张兆和与九妹岳萌以及两个孩子离开北平，走天津，转道青岛，过上海，一路南下，直到香港，而后，取道越南，到达昆明。

张兆和自香港到昆明，是在施蛰存的一路陪同下到达

1　沈从文：《1938年4月12日致沈龙朱》，见沈从文：《沈从文全集》（第18卷），太原：北岳文艺出版社，2002年，第324—326页。

的，其过程可见施蛰存之回忆文章《滇云浦雨话从文》。当时，施蛰存回上海探亲，10 月间返回昆明，“沈从文的夫人张兆和，九妹岳萌，和从文的两个儿子小龙、小虎，还有顾颉刚的夫人，徐迟的姊姊曼倩，都在香港待船去昆明。从文、颉刚都有电报来，要我和他们的眷属结伴同行，代为照顾，徐迟也介绍他的姊姊和我一起走。”

于是，施蛰存一行七人，自 10 月 28 日出发，一直到 11 月 4 日下午到达昆明。

这一路，施蛰存“自负是平生一大功勋”，他一个人“四位女士，两个孩子，携带大小行李三十一件。船到海防，上岸验关时，那些法国关吏把我们的行李逐件打开。到河口，又一度检查，比海防情况好些。每次歇夜，行李都得随身带走。全程七日，到昆明时，只失去了徐曼倩的一件羊毛衫，还是她自己忘记在火车上的。”

辗转而来，其间的辛苦，自不待言，毕竟团圆。

张兆和到昆明后一月余，收到家信得知父亲已经故去，甚至并不知道在何处死去，又因何而死。去世时，儿女中只有七子宁和在身边，其余皆四散。

九如巷的玉兰花，第二年春天开得依然热烈响亮，压满枝头，父亲当年在园子里教张家孩子们吟过一首旧诗：“梁园日暮乱飞鸦，极目萧条三两家。庭树不知人去尽，春来犹发旧时花。”

第九章　落叶他乡树

1. 沈从文与西南联大

“战事入三月或将有发展，洞庭湖畔若松动，必系江西吃紧，中国情形可悲者或不是战事胜败，当是内部永远无法一切合理化，有关于积习冲突矛盾者太多，无事不成为进步障碍，内部虽团结不分裂，但并无多大进步，人力难望发挥。”[1]

从 1939 年 3 月起，沈从文编辑教科书的工作就逐渐结束了，但并无地方可去，战时皆乱，于是只好留在昆明不动。

由于战争，物质方面，已受损失，精神方面，亦感浪费，虽欲振作，不可得也。一切理想计划，似乎一与实际对面，即归消灭，变成具文。也就只有在空虚、无助、不知所终的境遇下，把每个日子打发下去。

有时又觉得，身边有三三和甚欢喜的俩孩子，同住多是亲友熟人，且习惯甚好，风景人情均极优美，虽然也总是担心空袭来临，但在大战未了之时，能够平安无恙地过

1　沈从文：《1939 年 2 月 20 日致沈云麓》，见沈从文：《沈从文全集》（第 18 卷），太原：北岳文艺出版社，2002 年，第 344 页。

日子，应当感到庆幸。因为频繁轰炸，重庆也毁于空袭，死亡近万人，大市如死，棺木如山，可痛心处，不易形容。昆明也在担忧中，因此5月，张兆和带着小儿子搬到了云南呈贡龙街乡下住，为接受更好的教育，长子龙朱仍随沈从文在昆明城中上学。如此持续了三四个月的时间，后来龙朱也搬到了呈贡乡下，进入龙街小学读书。

关于未来打算，在给大哥的信中写道："预计可作数种生活法，或编报，或教书，或上前方到任何一军去看看，或回乡住下来，写点文章。论个人趣味我想到处走走，为孩子便利我得教书，为万千读书人计，我得写文章。或许上述各办法均无从实现，末了还是听天由命。"[1]

经济困顿之际，为缓解生活压力，沈从文也想过做生意养家。就像当年在西南联大任教的闻一多刻图章贴补家用，在公路旁草地上铺一块旧布，上面放上十几方图章石和刻章，盘膝半蹲半坐在一个小板凳上，等待生意上门。挂牌治印时，浦江清教授还专门撰写骈文启事《闻一多教授金石润例》。

沈从文发现的商机是云南雨季从6月开始到10月为止，又差不多每日有雨，但是本地却没有制伞者，店中雨具求过于供。于是写信给在湘西的大哥，调查湘制纸伞及布伞多少钱一柄，且估算一卡车能载多少柄，需多少运费，平

1　沈从文：《1939年5月15日致沈云麓》，见沈从文：《沈从文全集》（第18卷），太原：北岳文艺出版社，2002年，第367–368页。

均每柄伞到云南需多少钱，再加上消费税，即可算出一柄伞的成本。如果尚有盈利，那便可以借款来做，因为国家工业贷款或合作贷款，均较容易获得。另由于林徽因受一机关委托，征集民间手工艺品的样子，然后大规模制造，一方面便销至外国换取外汇，买军火，增加抗战力量；另一方面也能够增强家乡手工业。他甚至打算开一个小公司，专做这外贸出口生意。

诗人沈从文最终并没有变成生意人沈从文，因为有这想法后没有几日，沈从文被聘为西南联合大学师范学院国文系副教授。

1937 年，战争改变了中国的命运，同时也改变了中国一代知识分子的命运。国立北京大学以及清华大学等一批名校，奉命南迁，最终在昆明与私立南开大学联合组建西南联合大学。1938 年 5 月 4 日正式上课，至 1946 年 5 月 4 日结束，西南联大在滇八年整。

由于战事的影响，西南联大偏安一隅，当时集合了全国的优良教育资源，而政府也无暇过多地去干涉学校的教育思想，在这种情况下，实践了教授治校、思想自由的理想主义教育理念，并且形成了西南联大创作群在战争年代的文学景观，其对新文学的践行与发展有课堂内外多方面的原因。

当年在西南联大读书的汪曾祺，在回忆文章中这样说起沈从文：“沈先生对学生的影响，课外比课堂上要大得多。

他后来为了躲避日本飞机空袭，全家移住到呈贡桃园新村，每星期上课，进城住两天。文林街二十号联大教职员宿舍有他一间屋子。他一进城，宿舍里几乎从早到晚都有客人。客人多半是同事和学生，客人来，大都是来借书，求字，看沈先生收到的宝贝，谈天。”[1]在这个时期，萧乾就曾给远在美国的胡适写信称“读书上最好的老师今甫先生，写作上最好的老师从文先生”。[2]

西南联大校歌由冯友兰作词，选取《满江红》词牌，满怀筚路蓝缕、以雪国耻的忧愤之情。

满江红·西南联大校歌

万里长征，辞却了、五朝宫阙。暂驻足、衡山湘水，又成离别。绝徼移栽桢干质，九州岛遍洒黎元血。尽笳吹、弦诵在山城，情弥切。

千秋耻，终当雪。中兴业，须人杰。便一城三户，壮怀难折。多难殷忧新国运，动心忍性希前哲。待驱除仇寇、复神京，还燕碣。[3]

西南联大内迁后由三校校长张伯苓、蒋梦麟、梅贻琦

1　汪曾祺：《沈从文先生在西南联大》，载《联大教授》，新星出版社，2010 年，第 60 页。

2　吴世勇编：《沈从文年谱》，第 229 页。

3　冯友兰：《三松堂自序》，北京：生活·读书·新知 三联书店，1989 年，第 353 页。

组成西南联大常务委员会，由于张、蒋两位校长常在重庆另有职务，主持西南联大校务工作实际由梅贻琦负责。[1]梅贻琦将"学术自由"视为治校治学的一条根本法则。

且纵歌声穿山云，埋此心情青松底，常栖息。

2. 张家姐妹

西南联大的校舍，由梁思成、林徽因夫妇设计，设计方案一改再改，从一流现代学府的高楼，变成矮楼，最后成了平房，原因只是缺少经费。

沈从文每周在西南联大上三个小时的课，收入是二百八十元，还要再打七折，折来扣去，生活依然很紧张，如果物价再上涨，在教书之外，必须拼命写点文章，才够生活。

为了贴补家用，张兆和也在中学找了份英语教员的工作，本来迁到乡下就是为了躲避日本飞机的轰炸，如此一来，依旧是要进城上课。由于卡车司机考虑安全，拒绝张兆和带着幼子坐在货车顶部，她带着儿子多日搭不上回家的车。

沈从文每周上课，在城内住两天，搬到了师范学院的宿舍，跟卞之琳他们住在一起。

在沈虎雏的回忆中，从呈贡到昆明上课的沈从文是一

1 梅祖彦：《梅贻琦校长与西南联大》，见西南联大北京校友会编：《我心中的西南联大——西南联大建校七十周年纪念文集》，北京：清华大学出版社，2008 年，第 51 页。

个挎着包袱的瘦长身影。“一九三九年四月以后，昆明频频落下日本炸弹，我家疏散到呈贡乡下。过不久，爸爸长衫扣眼上，多了个西南联大的小牌牌。每星期上完了课，总是急急忙忙拎着包袱挤上小火车，被尖声尖气叫唤的车头拖着晃一个钟头，再跨上一匹秀气的云南小马颠十里，才到呈贡南门。这时我常站在河堤高处，朝县城方向，搜寻挎着包袱的瘦小长衫身影，兴奋雀跃。直到最近，我才知道他上火车之前，常常不得不先去开明书店，找老板预支几块钱。沉甸甸的包袱解开，常是一大摞书，或两个不耐用的泥巴风炉，某角落也有时会令我眼睛发亮，露出点可消化东西。”[1]

黄昏时听到湖边人家竹园里有画眉鸣啭，不觉悲哀。这声音实在熟悉，又似乎完全陌生。二十年前，因为这种声音，把一个在沅水支流的小河边做白日梦的小兵带到了灯火辉煌的城市里。而如今已生活在二十年前的梦境里，却感到了厌倦，“我却明白了自己，始终还是个乡下人”。[2]虽然这兵荒马乱时节，沈从文住在昆明的乡下，但是他明白自己已经与乡村离得很远很远了。

战争改变了很多人的生活轨迹，同样，若不是战争，四小姐张充和与卞之琳也许不会再相逢。

1 沈虎雏：《团聚》。

2 沈从文：《烛虚》，见沈从文：《沈从文全集》（第12卷），太原：北岳文艺出版社，2002年，第22页。

当年苏州宅子被毁之后，张充和追随三姐到了昆明，卞之琳正在西南联大外文系任教。

1937年，卞之琳曾自编诗集，名为《装饰集》，题献给张充和，本拟交戴望舒的新诗社出版，还请张充和为其题写了书名。这在卞之琳看来是意义重大的事情，但在四小姐看来却不过是闲事一笔。因为四小姐的小楷写得极好，所以常常有人求字，她也从不惜墨。多年后，董桥赞叹四小姐的“毛笔小楷漂亮得可下酒”，一配就配出了《纳兰词》里“鸳鸯小字，犹记手生疏”的矜持，也配出了儿梅影悄悄掠过红桥的江南消息，撩人低徊”。[1]

一个人眼里的有情，在另一个人眼中却是无意。

《装饰集》在当年未能出版，大约因为抗战的爆发，阻断了一个年轻人对爱慕的诗意表达。

在昆明，张充和的窗前有一小路通山下，山下便是中央研究院史语所所在地。时而有人由灌木丛中走上来，傅斯年、李济之、罗常培或来吃饭，或来聊天。“院中养个大公鸡，是金岳霖寄养的，一到拉空袭警报时，别人都出城疏散，他却进城来抱他的大公鸡。”[2]

后来张充和随三姐搬到了乡下，常在大榕树底下，与曲友露天弹古琴。

1　董桥：《张充和的古往小令》。

2　张充和：《三姐夫沈二哥》，见张充和：《小园即事：张充和雅文小集》，桂林：广西师范大学出版社，2014年，第241页。

汪曾祺在回忆西南联大生活的文章里写到张充和，形容她唱的昆曲是“娇慵醉媚，若不胜情，难可比拟”。[1]

沈从文也曾这样评价充和：“昆曲当行，应以张四小姐为首屈一指，惜知音者少，有英雄无用武之感。”[2]2009年，香港浸会大学教授陈致访谈余英时，余先生说起，张充和的昆曲“水平是最高水平了，她跟俞平伯一块儿研究昆曲，跟俞振飞一块儿上过台，是昆曲大家了。”[3]

张家姐妹痴迷于昆曲的不止充和，大姐元和小时候就常随父亲到会馆看全福班，还是老式戏台，有门帘和柱子，据方桌，供茶水。在她记忆中，当时全福班的伶工都老了。

后来传字辈接了上来，二姐允和与周有光结婚时唱昆曲的小生顾传玠，与张宗和、张寅和是中学同学，当年还常常为充和示范身段。他禀赋聪颖，心境沉潜，后来走上求学道路，先进入东吴附中，又考到上海光华附中，继而考入南京金陵大学农科，成为昆曲传字辈中唯一接受过高等教育的人。

抗战期间，传字班有次在昆山唱募捐戏，曲友也串演，其中也包括张元和。在后台，顾传玠背诵清平调：“云想衣裳花想容，春风拂槛露华浓。若非群玉山头见，会向瑶台月下逢。”他突然顿住了，元和接了句：“一枝红艳露

1　汪曾祺：《一曲微茫度此生》。

2　沈从文：《1939年3月2日致沈云麓》，见沈从文：《沈从文全集》（第18卷），太原：北岳文艺出版社，2002年，第348页。

3　陈致：《余英时访谈录》，北京：中华书局，2012年，第147页。

凝香……”

昆山正仪路有荷花池，顾传玠撩衣下水去观荷折藕，独自躺在小舟上吹笛，元和寻他到湖边，曾为他留影。

战时，张家避难到安徽老宅，元和常与顾传玠通信。乐益女中图书馆藏书字画被洗劫后剩余馆藏要尽毁，是留在苏州的顾传玠连夜把藏书运走，才得以保全。

但是，名门闺秀与昆曲演员之间的差距，如隔江海。

元和性格温婉宽厚，端庄秀美，在上海大夏大学上学时，被称为“大夏皇后”。两位妹妹接连觅得夫婿，前后只差半年。“大姐人品出众，条件优越，但选择太苛，直到近三十岁了还是骄傲的孤单的公主。”[1]

“七七事变”后，她多地辗转，在不可理喻的世界里。成千上万的人死去，成千上万的人逃亡，成千上万的人不知道明天在哪里看月光，每天都有惊天动地的事情发生，似乎只有这昆曲一唱三叹，笙箫悠然，未曾改变。

选择顾传玠，来自各方面的压力，特别是自己的矛盾心态，使她难以抉择，在写给允和的信中，她说：“我现在是去四川还是到上海，一时决定不了，上海有一个人对我很好，我也对他好，但这件事（结婚）是不大可能的事。”[2]张允和马上回信代行家长职责：“此人是不是一介之玉？

1　张允和口述，叶稚珊编撰：《张家旧事》，北京：生活·读书·新知三联书店，2014年，第164页。

2　张允和口述，叶稚珊编撰：《张家旧事》，北京：生活·读书·新知三联书店，2014年，第164页。

如是，嫁他！”[1]

1939 年，张元和与顾传玠在上海结婚，这时她已过三十岁，上海小报以《张元和下嫁顾传玠》为题，登得一塌糊涂。

顾传玠后来给张允和写信，说“一朵鲜花插在了牛屎上”。[2]

流言终抵不过时间，婚后他们幸福美满，在上海的家成为弟弟妹妹们停留的港湾。

3. 跑警报

抗战爆发后，军需浩繁，华北、华中、华南经济发达地区相继沦陷，中国损失了绝大部分工业，以及半数以上的农业。物资日渐缺乏，供应未能适应，国际路线阻断，运输困难，国内经济情况，几成崩溃之态。与此同时，市面上流通的法币急剧增加。“七七事变”前的 1937 年 6 月，法币发行总额为 14 亿元，至 1939 年 4 月翻了一番，达 28 亿元，1941 年年底增至 151 亿元。

对于在昆明的沈从文而言，物价日贵，大有支持不下去的趋势，熟人多往四川走，但是往四川走需要路费千元，

1 张允和口述，叶稚珊编撰：《张家旧事》，北京：生活·读书·新知 三联书店，2014 年，第 165 页。

2 张允和口述，叶稚珊编撰：《张家旧事》，北京：生活·读书·新知 三联书店，2014 年，第 165 页。

他并无此能力，于是只能在原地等待下去。

到 1941 年，内地省份当以昆明最繁华，特别是由于学校内迁，“学生最多，空袭时为有意义也。不过即毁去此城市成为一废墟，与整个战事将依然无关，人货多向四乡疏散，学校则附近尚多剩余房子，似尚经得起若干次轰炸，且即经轰炸，三五天后亦必即可恢复秩序，照常上课。”[1]

常有空袭发生，沈从文与卞之琳住的小楼开了若干的天窗，城中毁屋已近三分之一，跑警报成为日常生活的一部分。“心中茫然，如一战败武士，受伤后独卧荒草间，武器与武力已全失。午后秋阳照铜甲上炙热。手边有小小甲虫爬行，耳畔闻远处尚有落荒战马狂奔，不觉眼湿。心中实充满作战雄心，又似觉一切已成过去，生命中仅残余一种幻念，一种陈迹的温习。”[2]

在昆明，巴金也与沈从文一路跑过警报，看见炸弹落下后的浓烟，也看到血淋淋的尸体。巴金与萧珊在 1936 年的上海相识，之后就是漫长的抗战，他们的恋爱也就这样谈了八年。抗战期间，萧珊在西南联大读书，1940 年、1941 年的夏天，巴金都是在昆明度过的。

“那个时候没有教师节，教书老师普遍受到轻视，连大学教授也难使一家人温饱，我曾经说过两句话：‘钱可

1　沈从文：《1941 年 4 月 30 日致沈云麓》，见沈从文：《沈从文全集》（第 18 卷），太原：北岳文艺出版社，2002 年，第 395—396 页。

2　沈从文：《潜渊》，见沈从文：《沈从文全集》（第 12 卷），太原：北岳文艺出版社，2002 年，第 31 页。

以赚到更多。书常常给人带来不幸。’这就是那个社会的特点。他的文章写得少了，因为出书困难；生活水平降低了，吃的、用的东西都在涨价，他不叫苦，脸上始终露出温和的微笑。”他几次都与沈从文在昆明的一家小饮食店里相遇，“一两碗米线作为晚餐，有西红柿，还有鸡蛋，我们就满足了。”[1]

沈从文在昆明吃米线的情景还出现在汪曾祺的记述中。“沈先生在生活上极不讲究。他进城没有正经吃过饭，大都是在文林街二十号对面一家小米线铺吃一碗米线。有时加一个西红柿，打一个鸡蛋。有一次我和他上街闲逛，到玉溪街，他在一个米线摊上要了一盘凉鸡，还到附近茶馆里借了一个盖碗，打了一碗酒。他用盖碗盖子喝了一点，其余的都叫我一个人喝了。”[2]

谈及西南联大时期的沈从文，经常会提及刘文典对于沈从文的诸多评价和表现。

刘文典恃才傲物，堪称民国狂狷之士。当然，他也绝非等闲之辈。

在政治上，刘文典 1907 年加入同盟会，可算是同盟会元老。辛亥革命爆发后，他从日本回国在上海《民立报》任编辑。《民立报》1910 年 10 月 11 日创办，社长于右任，

1　巴金：《怀念从文》，见《巴金全集》（第 19 卷），北京：人民文学出版社，1993 年，第 417 页。

2　汪曾祺：《沈从文先生在西南联大》，见《联大教授》，北京：新星出版社，2010 年，第 67 页。

主笔为宋教仁、范光启、景耀月、章士钊等，经理吴忠信、邵力子。它对促成辛亥革命的发生、发展都起了极为重要的作用。1912 年，孙中山辞去临时大总统职务，让位于袁世凯。同年，同盟会改组成国民党，孙中山被推举为理事长。1913 年，国民党代理理事长宋教仁被暗杀，孙中山发动二次革命，革命失败后再度流亡日本。刘文典也于 1913 年再赴日本。1914 年，孙中山在日本东京成立中华革命党，刘文典同年加入，并任孙中山秘书。

在学问上，刘文典是章太炎的学生，有《淮南鸿烈集解》《庄子补正》十卷行世，历任北京大学教授、国立安徽大学校长、清华大学国文系主任。

一份耀眼的履历自然让刘文典拥有了政学两界的资本。更为士林所传为民国风骨的是，刘文典曾经在安徽大学任上，当面顶撞蒋介石，并被关押 7 天。章太炎还特意写了“养生未羡嵇中散，疾恶真推弥正平”的对联送给自己的这位弟子，这事在当时的教育界称为佳话。

在西南联大时期，刘文典狂狷之气并未曾改变。作为校勘学和庄子研究专家，他以古为尊，自然瞧不起新文学的作家们。1943 年 7 月 22 日，西南联大改聘沈从文为师范学院国文系教授，月薪 360 元。刘文典得知后，公然表态，“在西南联大，陈寅恪才是真正的教授，他该拿 400 块钱，我该拿 40 块钱，沈从文该拿 4 块钱。可我不会给他 4 毛钱！如果沈从文都是教授，那我是什么？我不成了太上教授？”

更有甚者，在跑警报的时候，刘文典对跑在前面的沈从文称，我跑是为了给学生讲《庄子》，你一个搞新文学的跑什么跑，要跑也是庄子先跑……

4. 美不常住，物有成毁

抗战进入相持阶段，昆明物价持续上涨，“一切人仿佛都浮在物价上面，有点水涨船高意思，惟百业中教书阶级，尤其是大学教授，便俨然独沉水底，无从呼吸。”[1] 大学教授的工资比银行职员、中学教员以及拉车理发的收入都少，仅靠教书收入，生活不免狼狈。“照收入说，教书最苦，随便换一职业即可将生活改造。不过从习惯说，教书总还是与理想工作相称，所费时间不多，过日子比较简单，不用无味应酬，大部分时间可用到写作或读书，目下生活即较寒酸，十年八年后论及‘成绩’时，总还可希望有几本书拿得出手，比别的事来得实在些。”[2]

只是希望生活有个转机，不是活得比当前更舒服，而是活得比当前更有用些。沈从文与张兆和在昆明过的日子是挖土种菜，磨刀生火，生活虽然琐碎但幸福而并不痛苦，但想起与生活离得相当远的国家社会种种，却不免难过。

1　沈从文：《1942 年 9 月 8 日致沈云麓》，见沈从文：《沈从文全集》（第 18 卷），太原：北岳文艺出版社，2002 年，第 409 页。

2　沈从文：《1942 年 9 月 8 日致沈云麓》，见沈从文：《沈从文全集》（第 18 卷），太原：北岳文艺出版社，2002 年，第 407 页。

生活依然拮据，但是在战时的环境中，一家人能够在一起，为此已经深感庆幸。有朋友来时，能够用全副热忱来接待，掐大把山花插到瓶中，送给客人。秋天，小院中的波斯菊一片红黄耀眼，他们不是到山上仙人掌包围中的草坪里看云天，就是在院子中坐在煤油箱做成的椅子凳子间，吃橘子皮野果子做的糖酱。

1942 年 12 月到 1943 年 1 月，沈从文连载散文《绿·黑·灰》，2 月改名为《绿魇》重新发表，这是“魇”系列散文的第一篇，也是他在 20 世纪 40 年代开始的散文新风格。1944 年，又接连发表《白魇》与《黑魇》，这一系列成为沈从文在昆明时期置身纷乱芜杂、动荡不安的社会，个人精神、心绪等方面细致变化的复杂反映，也成为沈从文作品晦涩难懂的一部分。

现实使堕落的更加堕落，困难的越发困难，却不知道向谁呼唤。然而，以一己之心与社会现实度量，一个微弱的个体如何接纳整个民族的问题与未来？“到我重新来检讨影响到这个民族正当发展的一切抽象原则以及目前还在运用它作工具的思想家或统治者被它所囚缚的知识分子和普通群众时，顷刻间便俨若陷溺到一个无边无际的海洋里，把方向完全迷失了。”大海里的漩涡与波涛“卷没了我的小小身子，复把我从白浪顶上抛起。试伸手有所攀缘时，方明白那些破碎板片，正如同经典中的抽象原则，已腐朽到全不适用”。[1]

在大海中无所攀缘，精神上的迷失也曾寄托于艺术的细碎光明。为无限接近幻想，他的一生本应是一首静谧的散文诗。

在昆明乡间，桃花依旧笑春风。有时骑马走在西南田埂，夕阳落处，云天明黄媚人，山色凝翠堆蓝。远望滇池，一片薄烟。但与美好的事物相对，却没有玲珑剔透的心境落笔。文字“附有各种历史上的霉斑与俗气意义”[2]，“企图用充满历史霉斑的文字来写它时，竟是完全的徒劳”。[3]

关于写作他虽然并不曾搁笔，可是新作品写得少了。旧作又早已成为绝版，读到的人不多。开明书店计划重印他的小说，他陆续将修订稿寄去，可是一部分底稿却在邮寄的途中遗失。他曾告诉巴金：“丢失的稿子偏偏是描写社会疾苦的那一部分，出版的几册却都是关于男女事情的。”[4]就这样留下了一个片面的沈从文，无法了解他，而他也是无法再解释沈从文究竟是一个什么样的作家。

“看看自己用笔写下的一切，总觉得很痛苦。先以为

---

1 沈从文：《黑魇》，见沈从文：《沈从文全集》（第12卷），太原：北岳文艺出版社，2002年，第172页。

2 沈从文：《烛虚》，见沈从文：《沈从文全集》（第12卷），太原：北岳文艺出版社，2002年，第26页。

3 沈从文：《绿魇》，见沈从文：《沈从文全集》（第12卷），太原：北岳文艺出版社，2002年，第134页。

4 巴金：《怀念从文》，见《巴金全集》（第19卷），北京：人民文学出版社，1993年，第418页。

我‘为运用文字而生’，现在反觉得‘文字占有了我大部分生命’。除此以外，别无所有，别无所余。”[1]

1944年，因心脏病，沈从文计焚毁日记本七册，另稿十五种，多是未发表的故事。这些焚毁的日记里都写了什么？心脏病跟焚毁日记本及书稿有关联吗？此后，他没有一本成册的日记留存于世。

“我发现在城市中活下来的我，生命俨然只淘剩一个空壳。譬喻说，正如一个荒凉的原野，一切在社会是具有商业价值的知识种子，或道德意义的观念种子，都不能生根发芽。个人的努力或他人的关心，都无结果。”[2]

艰难奔波，凄苦生活，一灯如豆伴凄凉。生命已被“时间”和“人事”剥蚀殆尽了。创作资质被大量消耗，生活水平也逐年下降。

到1944年，昆明的物价成为全国最高，教授们的生活日趋艰难，为另谋开源之道，沈从文与彭仲铎、唐兰、陈雪屏、浦江清、游国恩、冯友兰、杨振声、郑天挺、罗常培、罗庸、闻一多十二名教授共同拟定《诗文书镌联合润例》。将“文直”“诗直”“联直”“书直”“篆刻直”都做了明确且详细的价格规定。

1 沈从文：《烛虚》，见沈从文：《沈从文全集》（第12卷），太原：北岳文艺出版社，2002年，第13页。

2 沈从文：《烛虚》，见沈从文：《沈从文全集》（第12卷），太原：北岳文艺出版社，2002年，第23页。

文值：颂赞题序五千元，传状祭文八千元，寿文一万元，碑铭墓志一万元（文均限古文，骈体加倍）；

诗值：喜寿颂祝一千元，哀挽八百元，题咏三千元（诗以五律及八韵以内古诗为限，七律及词加倍）；

联值：喜寿颂祝六百元，哀挽四百元，题咏一千元（联以十二言以内为限，长联另议）；

书值：楹联四尺六百元，五尺八百元（加长另议）；

条幅四尺四百元，五尺五百元（加长另议）；

堂幅四尺八百元，五尺一千元（加长另议）；

榜书每字五百元（以一方尺为限，加大值亦加倍）；

斗方扇面每件五百元；

寿屏真隶（书法）每条一千五百元，篆书每条两千元（每条以八十字为限）；

碑铭墓志一万元；

篆刻值：石章每字一百元，牙章每字二百元（过大过小加倍，边款每五字作一字计）

收件处：国立西南联合大学中国文学系王年芳女士代转。

风雅也需五斗米。

同样，也并不是没有政治。

早在 1937 年 12 月，沈从文由武汉赴长沙，与曹禺同去八路军驻湘办事处，拜访徐特立，商谈去延安事宜。徐特立邀请沈从文在内的八位作家前往延安。“但徐也说，在白区也有许多抗日统一战线需要人做，只要他们愿意做的话。”[1]

1937 年，沈从文应允为王鲁彦在长沙主办的报纸副刊写十篇谈统一战线的文章，然而，几个月后报馆被政府查封，沈从文一共刊发了四篇文章。他在昆明当地报纸上发表《我们需要一个第四党》时，全文被删节，只留下标题和天窗。抗战期间，国民党官方的评论家撰文批评他，他至少有三本书被查禁，包括《长河》《云南看云》以及《记丁玲续篇》，还另有三十种文集被检查官加诸“与抗战无关”的理由不许印行。

虽然与国民党日渐疏远，但并没有得到左翼作家的认同。他们耿耿于怀的是抗战前沈从文对左翼宣传统战工作的怀疑，而沈从文认为这些工作与创作本身关联不大。

到 1945 年冬天的时候，闻一多和吴晗来到沈从文的住处，让他参加民盟。但沈从文说自己不懂，不过可以做文章，

1　金介甫：《沈从文传》，北京：国际文化出版公司，2009 年，第 313 页。

“我不懂实际上怎么做”，因为“我就是一个普通教师”。[1]

当然，这并不是说，沈从文不关心国事。1945 年 3 月 12 日，昆明文化界三百多人联名发表《关于挽救当前危局的主张》，要求成立民主联合政府。此时，闻一多还专门跑到了离昆明 20 多公里的呈贡，找沈从文签名。签名后，沈从文还曾留闻一多吃饭。

他以明确而单纯的信仰，去实证同样明确而单纯的愿望，承续这个民族过去的伟大处，反思目前的堕落处。

“人生实在是一本大书，内容复杂，分量沉重，值得翻到个人所能翻看到的最后一页，而且必须慢慢地翻。我只是翻得太快，看了些不许看的事迹。我得稍稍休息，缓一口气！”[2]

---

1 王亚蓉编：《沈从文晚年口述》，西安：陕西师范大学出版社，2003 年，第 155 页。

2 沈从文：《烛虚》，见沈从文：《沈从文全集》（第 12 卷），太原：北岳文艺出版社，2002 年，第 23 页。

第十章　浮云一别后

1. 耿马漆盒与宋明旧纸

庭前红梅花开了几次，孩子们换了几回新衣，过了几回节，就在哭里笑里慢慢地长大了。

1945 年 6 月，沈从文在写给胡适的信中说："我和孩子们住乡下已八年，一切还过得去，只是八年来毫无成就。"[1]

1945 年 8 月 15 日，抗战胜利。

这八年中的经历，多次有人想让他写出来。

1979 年，他在给助手王亚蓉的信中提及了这件事情："新近又回国的那个数学家钟先生又到了北京，我们看过了他两次，还希望我专写'在云南那八年'写成后寄给他，他可为用大字精印千把本，以为至多费五六百美元，他为付这笔并不妨事，因为那边有的是读者。"[2]

最后他还是没有写，这八年终究是没有一个完整的记录。

1946 年年初，沈从文全家从桃源新村搬到昆明城内西

1　沈从文：《1945 年 6 月 11 日致胡适》，见沈从文：《沈从文全集》（第 18 卷），太原：北岳文艺出版社，2002 年，第 437 页。

2　王亚蓉编：《沈从文晚年口述》，西安：陕西师范大学出版社，2003 年，第 255 页。

南联大昆中北院宿舍。3 月，撰写时评“我们要第四党”，表现了他对现实政党政治的不信任，希望由非党专门家形成不同的政治力量，以找到和平途径。文章被当局禁止发表。

1946 年 5 月 4 日，西南联合大学结束了战时的历史使命，宣告结束，北大、清华、南开三校开始复员平津。沈从文被北京大学聘为国文系教授。

这一年的沈从文四十四岁，人如在黯淡烟霭里。

在自昆明一路北行的路上，张兆和带着孩子们先在苏州协助乐益女中战后复校，留在父亲创办的学校教英文，沈从文一人先赴北大任教。

身边多数朋友离开北方已有十年，再次回到曾经熟悉的地方，凡事皆有不同的伤感。“惟国家在对外战事结束后，还有人对内战发生浓厚兴趣，各有种种方法促成集团自杀的现象，置国家人民于水火。痛苦二字，似还不易形容到这些年过四十读书人的本来心情！”[1] 当然也有欢欣，那便是十年流转迁徙跋涉终于结束，既然已经回到原来的工作中，凡事都有希望重新开始了。北平写文章的出路不如上海好，唯有读者比南方认真得多。“文坛消息不能产生空头作家。只有优秀作品能得人敬视。”[2]

工作繁杂似乎永远也理不清，不知道什么时候才可望

1 沈从文：《致子平》，见沈从文：《沈从文全集》（第 14 卷），太原：北岳文艺出版社，2002 年，第 337 页。

2 沈从文：《致子平》，见沈从文：《沈从文全集》（第 14 卷），太原：北岳文艺出版社，2002 年，第 338 页。

释然于怀无萦无累。

直到 1947 年 1 月，生活逐渐安定下来，张兆和携龙朱、虎雏到达北平，搬入北京大学中老胡同 32 号院宿舍。

春夏间，四妹张充和来北平，住在三姐家中。这时沈从文的家中，“除书籍漆盒外，充满了青花瓷器，又大量收集宋明旧纸”。[1]

战后通货膨胀严重，一家四口生活并不富裕，并且如此买下去屋子将要堆满，于是张兆和劝他少买，可是他似乎无法控制，见到喜欢的便不放手。买到手后，又怕三三埋怨，便想些法子蒙混过去，比如看到好的旧纸和青花便劝四妹买，有时他也买了送四妹，可是无论是哪种方式，最后仍然是塞在他家中，毕竟充和住的是他们的屋子。

在北大宿舍院中，还住着朱光潜，他最喜欢与沈从文一起外出看古董，也无伤大雅地买点小东西。到过年时，沈从文去向朱太太说：“快过年了，我想邀孟实陪我去逛逛古董铺。”[2]这诚意邀请背后的意思是说你应该给朱先生几个钱。同样，朱光潜也照样来向张兆和邀请沈从文陪他。

关于收藏，沈从文在昆明时期就表现出了浓厚的兴趣。在张兆和没到昆明之前，没有家庭生活的沈从文常与施蛰存相约一起逛福照街的夜市。有一次，他从一堆盆子碗盏

1 张充和：《三姐夫沈二哥》，见张充和：《小园即事：张充和雅文小集》，桂林：广西师范大学出版社，2014 年，第 243 页。

2 张充和：《三姐夫沈二哥》，见张充和：《小园即事：张充和雅文小集》，桂林：广西师范大学出版社，2014 年，第 243 页。

中发现一个小小的瓷碟，瓷质洁白，很薄，画着一匹青花奔马。沈从文不仅知道这是康熙年间的青花瓷，还告诉施蛰存，这一定是八个一套的“八骏图”。后来，他的生活琐碎，施蛰存也离开了昆明，沈从文还会给施蛰存写信，称滇盒他已经买了大大小小的十多个，而瓷器也收到了不少。他还不忘告诉施蛰存，那个八骏图的青花瓷瓷碟，又收到了两只。

“他有一阵在昆明收集了很多耿马漆盒。这种黑红两色刮花的圆形缅漆盒，昆明多的是，而且很便宜。沈先生一进城就到处逛地摊，选买这种漆盒。他屋里装甜食点心、装文具邮票……的，都是这种盒子。有一次买得一个直径一尺五寸的大漆盒，一再抚摩，说：‘这可以作一期《红黑》杂志的封面！’他买到的缅漆盒，除了自用，大多数都送人了。有一回，他不知从哪里弄到很多土家族的挑花布，摆得一屋子，这间宿舍成了一个展览室。来看的人很多，沈先生于是很快乐。这些挑花图案天真稚气而秀雅生动，确实很美。”[1]

沈从文对他在云南八年中收藏的收获也是很有兴致。比如，常风回忆，沈从文与其重逢，两个人多年相见自然有说不尽的话，沈从文“讲到他在八年中的重大收获漆制器物时，更神采飞扬，向我拿起他所珍宝的一个漆盘或什

1　汪曾祺：《沈从文先生在西南联大》，见《联大教授》，新星出版社，2010 年，第 66 页。

么后，指点着给我解说真是眉飞色舞。有时也给我看他的别一种珍宝瓷器。”

在云南时，沈从文专收耿马漆盒，在苏州和北平，专收瓷器。他喜欢收藏，却不据为己有，往往是送了人，然后再买，再送人。真正的财富，都印在了他的脑子里。

1947年，北京大学成立博物馆筹委会，并决定成立博物馆专修科，并不是筹委的沈从文对此积极支持，并提出很多建议。后来，具体筹备工作开始之后，他全力相助，陆续把自己收藏的瓷器、贝页经等古文物、民间工艺品，以及从云南搜集来的全部漆器捐给北大博物馆，并参与布展工作。后来又因为博物馆专修科初建资料匮乏，他又捐出《世界美术全集》《书道全集》等一批藏书。

沈从文曾刻有一象牙图章，小篆字十个：“美育代宗教之真实信徒。”[1]托苏格拉底之口，表达对历史古都将毁于“无知”的忧虑，诉说自己对北平这一大城保护的设想。北平的建设，可称为“故都未来最佳打样师”。[2]“凡事恢复旧观既不可能，如何保存此名都大城犹馀三五之好事物，好风光，好因子，宜为有心人所同感焉。”[3]“凡寓居此美

1　沈从文：《北平通信——第一》，见沈从文：《沈从文全集》（第14卷），太原：北岳文艺出版社，2002年，第360页。

2　沈从文：《故都新样——北平通信三》，见沈从文：《沈从文全集》（第14卷），太原：北岳文艺出版社，2002年，第369页。

3　沈从文：《苏格拉底谈北平所需》，见沈从文：《沈从文全集》（第14卷），太原：北岳文艺出版社，2002年，第370页。

丽伟大而荒凉穷困之故都者，必均留一异常深刻之印象，且深为此有历史性之名都大城，将毁于‘无知’而忧虑。”[1]

“冬去春来，层冰解冻，溪流潺湲，各处均有鸟语花香，即战火焚灼之土地，亦将有青草生长，掩盖去人类残忍与不知所作成之种种，见出盎然生意。”[2]

2. 明年花发觅知音

1948 年 3 月，沈从文与在北京大学讲授拉丁文、德文和西洋文学的德裔美籍教师傅汉思（Hans H. Frankel）相识。

在当时傅汉思写给父母的信中，他说起“可爱的人”——沈从文教授，他“有一位文静的太太和两个小男孩”，“他的仪表、谈吐、举止非常温文尔雅，但一点也不带有文人气习。他对中国艺术、中国建筑深感兴趣，欢喜谈论，欢喜给人看一些图片”。[3]

傅汉思出身于学者家庭，父亲是斯坦福大学的教授，教西方古典文学，他本科毕业于斯坦福，在加州大学伯克利分校读完西班牙语硕士学位和罗曼语博士学位。胡适邀

1　沈从文：《苏格拉底谈北平所需》，见沈从文：《沈从文全集》（第 14 卷），太原：北岳文艺出版社，2002 年，第 371 页。

2　沈从文：《迎接秋天——北平通信》，见沈从文：《沈从文全集》（第 14 卷），太原：北岳文艺出版社，2002 年，第 397 页。

3　傅汉思：《初识沈从文》，见张充和：《小园即事：张充和雅文小集》，桂林：广西师范大学出版社，2014 年，第 245 页。

他到北大教书，他对中国的一切感兴趣，到北京后，他听很多人谈起过沈从文。在北大傅汉思与留德归国的季羡林关系很好，在季羡林的介绍之下，傅汉思走进了沈从文家的客厅，并且与沈从文的两小儿交上了朋友。

傅汉思来中国的一个目的就是学习讲中国话，而学习生动的语言最好就是跟孩子们学，北平生长的孩子又讲一口地道的北京话，于是，龙朱与虎雏便成了傅汉思的中文老师，他也常常到中老胡同沈家小小的宅院中去。到沈家谈天、吃茶、吃饭的客人很多，有教授、作家，更多的是年轻人和学生。“虽然沈从文是个大忙人，写小说，在北大教课，款待来客，我去时他总找时间同我谈天。虽然他一口湘西土音我只能听懂一部分，我却很喜欢听他谈话。沈太太对我也很亲切，有时沈从文讲的我不懂，她就用普通话复述一遍，解释解释。”[1]

常来沈家做客的傅汉思，就这样认识了住在三姐家的张充和。爱是难以遮掩的，逐渐大家都察觉到些苗头，傅汉思一来，沈从文就借故走开，唤来张充和与傅汉思闲谈。小虎也注意到充和与傅汉思要好，一看到他们就嚷嚷：“四姨傅伯伯。”他故意把句子断得让人弄不清到底喊的是“四姨，傅伯伯”还是“四姨夫，伯伯”。

这是一段说起来有些平淡的感情，张家四小姐和傅汉

1　傅汉思：《初识沈从文》，见张充和：《小园即事：张充和雅文小集》，桂林：广西师范大学出版社，2014 年，第 246 页。

思认识八个月之后就结婚了，时间是 1948 年 11 月 19 日。这一年，张充和 34 岁，傅汉思 32 岁。

为了使婚姻在中美两国都合法，婚礼准备了中西结合的仪式，由美国驻北平领事馆的副领事做证婚人，张兆和、杨振声代表双方家属出席结婚仪式，参加婚礼的一共十四人。牧师用中国话宣讲基督教义以及婚姻的意义，这样所有在场的人才能够听得懂。

在西南联大时，张充和与诸多文化名流交游。章士钊很欣赏充和，对张充和因战乱流寓西南的落魄很同情。他在赠张充和的诗中，曾把充和比作东汉末年的蔡文姬："文姬流落于谁事，十八胡笳只自怜。"当时充和不悦，认为"拟于不伦"。当张充和与美国人傅汉思结合后，充和又拿此事自嘲："他说对了，我是嫁了个胡人。"

结婚纪念日是一个四小姐常常记不准确的日子，但是离开北平的日子，她却一直记得清清楚楚。

那是 1948 年 12 月 17 日，那一天刚好是北京大学举办五十周年校庆的日子，校园里挂满了红旗，热情洋溢。

大清早，美国大使馆的一位领事跑到傅汉思和张充和家里，要他们马上走，此时北平只剩下一个小军用机场还在开，大机场都飞不了。

那时炉子上他们煮好的一锅稀饭还没有吃。

两个月后，她随夫君赴美，在上海坐船离开了中国。离开时随身带的除了几件换洗衣物，还有一方古砚，几支毛笔和一盒五百多年的古墨……

离乡背井，她最后还是做了蔡文姬。

到美国后，他们先定居在加州的伯克利，后来又移居到康涅狄格州的北港，傅汉思到了耶鲁大学教中国诗词，而张充和在耶鲁讲授中国书法和昆曲，也常参加昆曲演出。

1953 年秋天，留在北京的卞之琳与四小姐的初识已经隔着 20 年的光阴。卞之琳到苏州参加会议，恰巧被接待住进了张充和的旧居。“秋夜枯坐原主人留下的空书桌前，痴情的诗人翻空抽屉，瞥见一束无人过问的字稿，居然是沈尹默给张充和圈改的几首词稿。”于是宝贝一样地取走，之后历经十年浩劫，保存完好。1980 年诗人访问美国时，与张充和久别重逢，将词稿奉归物主。

一辈子匆匆的几次交往，于她，只是君子之交而已；于他，却是难掩的痴情。直到张充和早已结婚并且远渡重洋之后的 1955 年，45 岁的卞之琳才与青林结婚。2000 年 2 月 2 日，卞先生驾鹤西去，女儿青乔向中国现代文学馆捐赠了父亲 1937 年 8 月在雁荡山大悲阁为张充和手抄的那卷《装饰集》和一册《音尘集》。

张充和收藏的印章中，有一方印是“做个闲人”。其实她的梦想一直很简单，希望有一个小院子，坐落在溪水边，庭前种花也种树，朋友们常常来做客。

1968 年，张充和在哈佛演出《思凡》《游园惊梦》，余英时给张充和写了两首诗，其中有两句诗是这样写的："一曲思凡百感侵，京华旧梦已沉沉。不须更写还乡句，故国如今无此音。"[1]"文化大革命"后，昆曲恢复，张充和改写余英时的诗句为："故国如今有此音。"

聚散常容易。

3. 桃红色的沈从文

早在 1947 年年初，此时三小姐还在上海等船北行，而北平的一切似乎一如往常，只有远远地从文坛消息上知道有上海作家在扫荡沈从文。

照上海扫荡的消息说来，他发现一向远离政治的自己倒俨然像是要被清算的一位。"想必扫荡得极热闹。惟事实上已扫荡了二十年，换了三四代人了。好些人是从极左到右，又有些人从右到左的，有些人又从官到商，从商转政，从政又官，旋转了许多次的。我还是我。在这里整天忙。"[2]

那就还是听听谣言继续生活下去吧，就像之前的任何一段时间。总有人喜欢编故事，也总有人喜欢听传说。

只是《大公报》文坛人物的稿件里，竟也刊登了很多有关他的稿件。只是希望，在《大公报》最好还是不要再

1　陈致：《余英时访谈录》，北京：中华书局，2012 年，第 147 页。

2　沈从文：《1947 年 2 月初复李霖灿、李晨岚》，见沈从文：《沈从文全集》（第 18 卷），太原：北岳文艺出版社，2002 年，第 465 页。

有他的事好些，“因为大部分都不是真确的”。[1]比如一次说他在中公做助教，后来又有一次说他在青大任助教，其实在这两校他都不是助教。“把三小姐一再提及，不问好意恶意，都和事实歪曲。尤其近一次，一定是广东什么姓黄的所作，一同事儿子，一面在信上恭维得我肉麻，一面就写这种文章！一篇谎话，没有一事可靠。”[2]别的报纸骂他，可随意造谣，因为明知在造谣，反而不在意。但是他任《大公报》文艺副刊主编数年，关系密切，反倒用不实的外稿来描述和推断沈从文。又因为《大公报》的特殊性，其他报纸照例会转载，真相便愈加难寻了。

他不曾涉及党政，无党派所属，也不曾与文化官员同过一次席，自觉所做诸多选择、诸多举动皆是从国家民族角度出发，政局变幻间，他反倒再次成为要被清算的对象，“事实上清华方面的民盟和国民党教授倒要好得很”。[3]

国家在变化中，他总以为能够通过战争以外的东西来平衡矛盾，减少牺牲与消耗，但看此情势却并不可能。“我很羡慕更年轻些的，能用一种赤诚诅咒当前而迎接未来。我呢，恐怕没有能如别的作家那么活泼身心，去未来时代

1　沈从文：《1947年2月3日致阙名朋友》，见沈从文：《沈从文全集》（第18卷），太原：北岳文艺出版社，2002年，第467页。

2　沈从文：《1947年2月3日致阙名朋友》，见沈从文：《沈从文全集》（第18卷），太原：北岳文艺出版社，2002年，第467页。

3　沈从文：《1947年2月3日致阙名朋友》，见沈从文：《沈从文全集》（第18卷），太原：北岳文艺出版社，2002年，第467页。

与人争什么了。一涉争斗我就先倒！”[1]

大家都渐渐老了，工作却正是新生，“看看国家种种，不免痛到心上”，待到三两年后世界再变，大致他和他的老朋友们都要“休息”了。[2]

各种并不认识沈从文的人，写文章谈起他却好像谈论身边人，漏洞百出，但大多不是人情世故，或者琐事八卦，就是欲加之罪。真正对他后半生产生重大影响的文章发表在 1948 年 3 月，由捕风捉影地谈论沈从文的逸事变成了对文章的定性。

4. 霁清轩的夏天

1948 年暑假，杨振声邀请北京大学的几位朋友到颐和园霁清轩避暑。沈从文、张兆和带着两个儿子、张充和与傅汉思，都作为杨振声的客人，住进谐趣园后面幽静美丽的霁清轩。

霁清轩在颐和园东北偏僻处，曾划归当时北平市长何思源用以度假，但是他公务繁忙并无暇前往。何思源与杨振声同为山东人，同年考入北京大学，共同组织新潮社，并同样于“五四”之后同期赴美留学，二人是同乡、同年、

1　沈从文：《1947 年 10 月 12 日致徐盈》，见沈从文：《沈从文全集》（第 18 卷），太原：北岳文艺出版社，2002 年，第 478 页。

2　沈从文：《1947 年 10 月 20 日致林蒲》，见沈从文：《沈从文全集》（第 18 卷），太原：北岳文艺出版社，2002 年，第 480 页。

同道的旧日朋友。1948 年的暑假，何思源将这避暑的园子借给了杨振声，杨振声又邀请了北大文学院几位教授和年轻的朋友，充分利用园内各处空房，共度暑假，是为风雅。

霁清轩自成一院，别有风雅，有丘有壑，昆明湖水从丘壑间潺潺流过，顺着石峡流出颐和园至圆明园。院内有楼阁厅舍，高低错落，石头间有大松树和小小虎耳草，人工天然，仿佛配置得有宋人画意。几家人分住在那些房舍，各得其所，几乎每天都能吃到从附近湖里打来的鲜鱼。那年夏天的生活过得宁静而富有诗意。

一石一木，一云一水，白日浓烈，夜色静谧，万物有灵且美。

霁清轩的一日有三种声音交替，早晚是可以印证唐人诗“鸟鸣山更幽”的黄鹂，白日是代表“多数一致”的知了，夜里则是象征衰飒迟暮的鸣蛩。

本为风雅消夏，但不巧的是，张兆和弟媳生病，她又匆匆返回城里照料。也因此，沈从文便有了再次提笔写信给身边人的机会。自她走后，霁清轩的生活有点“倦”，不知道为什么总不满意。但提笔给她写信，却带了欢欣，“完全是像情书那么高兴中充满了慈爱而琐琐碎碎的来写的”[1]，想要试试看“在这种分别中来年轻年轻”[2]，每天为

1　沈从文：《1948 年 7 月 29 日致张兆和》，见沈从文：《沈从文全集》（第 18 卷），太原：北岳文艺出版社，2002 年，第 497 页。

2　沈从文：《1948 年 7 月 29 日致张兆和》，见沈从文：《沈从文全集》（第 18 卷），太原：北岳文艺出版社，2002 年，第 500 页。

她写一封信。离她一远，她似乎倒变得近在身边了，因为慢慢靠近来的，是一种混同在印象和记忆里的品格上的粹美。就这样想到这一生，又该如何来谢谢她呢？

你可不明白，我一定要单独时，才会把你一切加以消化，成为一种信仰，一种人格，一种力量！至于在一处，你的命令可把我头脑弄昏了，近来命令稍多，真的圣母可是沉默的！虽然我知道是一种爱，但在需要上量似乎稍多了一点，结果反而把头脑变钝了许多。[1]

想要恢复情书的抒情，但一落笔还是先讲起了生活的琐事。即将要发的薪水，生活各处都需要置办，有特价的皮鞋最好是要准备一双，还要配一副和“沈从文”相称的眼镜。从镜中看去，他的头发越来越白了，可是从心情上看，只要想着她十五年来的一切好处，心就越来越年轻了。且不止一颗心如此，精神和体力也都如此。

我正想起从中央饭店离开，坐了个洋车到了车站后，坐在那小箱子上为你写信情形，以及把时间再倒回去，你

1　沈从文：《1948 年 7 月 29 日致张兆和》，见沈从文：《沈从文全集》（第 18 卷），太原：北岳文艺出版社，2002 年，第 497 页。

在学校楼梯口边拿了个牙刷神气。小妈妈，生命本身就是一种奇迹，而你却是奇迹中的奇迹。我满意生命中拥有那么多温柔动人的画像！更感动的是在云南乡下八年，你充满勇气和精力来接受生活的情形，世界上那还有更动人的电影或小说，如此一场一景都是光彩鲜丽，而背景又如何朴素！小妈妈，我近来更幸福的是从你脸上看到了真正开心的笑，对我完全理解一致。这是一种新的起始，让我们把生命好好追究一下，来重新安排，一定要把这爱和人格扩大到工作上去，我要写一个《主妇》来纪念这种更新的起始！[1]

日长无事，清晨和黄昏都和孩子们去排云殿前看人钓鱼，从长廊前散步，看整个湖山的寂静，也读了许多报上的故事，一切如此真实，一切又都像在做梦。

第二天晚上已近十点，沈从文与虎雏坐在桌上大红烛下，一面与小儿讨论《湘行散记》中的人物故事，一面在烛光摇曳下写信，也记下了与虎雏的对话。

小虎虎说："爸爸，人家说什么你是中国托尔斯泰。世界上读书人十个中就有一个知道托尔斯泰，

1　沈从文：《1948年7月29日致张兆和》，见沈从文：《沈从文全集》（第18卷），太原：北岳文艺出版社，2002年，第500页。

你的名字可不知道，我想你不及他。”

我说：“是的。我不如这个人。我因为结了婚，有个好太太，接着你们又来了，接着战争也来了，这十多年我都为生活不曾写什么东西。成绩不大好。比不上。”

“那要赶赶才行。”

“是的，一定要努力。我正商量姆妈，要好好的来写些。写个一二十本。”[1]

曾经以为，战争结束，一切便将回归常态，不为生存而担忧，也不为生活而苦。半生学习经验，忍受挫折疾苦，幸而于千险万难中得到转机。他充满了对未来的热情，期待创作恢复到在青岛时的旺盛期。

1948 年七八月之交的北平，寂寥落雨，雨声渐大，如打在船篷上。“小妈妈，我真像是还只和你新婚不到三个月！”[2] 怎么一场战争结束之后，就人已中年了。

一下雨便记起那年新婚后，在湘水中游扁舟一叶，大清早就在烛光下为三三写信的情形。

过去这么多年，还是遗憾没能两人同坐那么一回小船。

1　沈从文：《1948 年 7 月 30 日致张兆和》，见沈从文：《沈从文全集》（第 18 卷），太原：北岳文艺出版社，2002 年，第 504 页。

2　沈从文：《1948 年 7 月 31 日致张兆和》，见沈从文：《沈从文全集》（第 18 卷），太原：北岳文艺出版社，2002 年，第 506 页。

第十一章　四顾何茫茫

1. 中国往何处去

在风雅的霁清轩，沈从文写了篇现实的短文《“中国往何处去”》，想要为一些问题找寻答案，中国有没有前途？哪里才是它的出路？如何挽救它的危机？

“从任何民族历史学习，凡某一国家，统治方式失去重心和弹性后，社会矛盾必逐渐加剧，无法平衡，内战分裂即无从避免。结果照例由于普遍持久的战火，带来一种普遍破坏和疲乏。社会矛盾即幸而从武力压倒方式得到表面平衡，国家元气业已消耗将尽。”[1] 国家对峙内战难结束，“中国往何处去？往毁灭而已。”[2] 唯有寄希望于青年的觉醒，待有新生的机会。

1948 年年底，平津战役迫在眉睫。

北平冬晴，天气明明朗朗，鸽子飞去飞回，白羽衬青天，一如每一年幽闲的冬天。在平静的背后，却即将有翻

1　沈从文：《“中国往何处去”》，见沈从文：《沈从文全集》（第 14 卷），太原：北岳文艺出版社，2002 年，第 320 页。

2　沈从文：《“中国往何处去”》，见沈从文：《沈从文全集》（第 14 卷），太原：北岳文艺出版社，2002 年，第 323 页。

天覆地的大战发生，众人皆用一种沉痛的心情来接受此历史变局。

大局玄黄未定，唯从大处看发展，中国行将进入一新时代。有传言未来的都城要在北平，庆幸的是也许因此，北平将不至于毁去，却“必然有不少熟人因之要在混乱糊涂中毁去”。[1]

此时的沈从文，还不知向何处走为好。自觉体力与生活方式，都不宜卷入政治，即便留在学校也觉得不再相宜。既不想做官，也不拟教书，于是想着不如就回故乡住二三年，写上十本八本书，比教书有意义得多。但其实，大致也走不了，只有在北平坐以待之。

“熟人中可能有些于十天半月或年末要离开，一离开，大致就拟终生不再来了。”[2]

民族正处于晨昏相接的时刻，在时代的路口，经过近三十年的波谲云诡，旧时代的冰层因为点点暖阳而产生丝丝裂痕和轻微的响动，大船即将调整它的航向。中国将进入一个新时代，无可怀疑。传统的写作方式和态度，恐怕都要决心放弃了。战后突然就到中年，虽是中年，但面对即将到来的新气象，“如生命正当青春，适应性大，弹性强，如能从一新观点继续用笔，为一原则而服务，必更易促进

1　沈从文：《1948 年 11 月 28 日致沈云麓》，见沈从文：《沈从文全集》（第 18 卷），太原：北岳文艺出版社，2002 年，第 515 页。

2　沈从文：《19481128 致沈云麓》，见沈从文：《沈从文全集》（第 18 卷），太原：北岳文艺出版社，2002 年，第 515—516 页。

一个新社会实现”。[1]“重要处还是从远景来认识这个国家，爱这个国家。国家明日必进步，可以使青年得到更多方面机会的发展，事无可疑。”[2]

12月中旬，北平被解放军军事包围，时任南京国民政府青年部次长的陈雪屏至北平，抢运学者教授，通知沈从文全家南飞。陈雪屏是沈从文的旧识，曾是他在西南联大师范学院时的上司。但是，沈从文终究没有南飞，选择留在北平，留在这个他思念了整整八年、终于回来的北平。

在这一年的最后一天，沈从文在他最后发表的小说《传奇不奇》的文稿后题识：“卅七年末一日重看，这故事想已无希望完成。”也是在这一天，他给同事周定一写了一个条幅，临史孝山《出师颂》，落款处写下：“三十七年除日封笔试纸。”[3]封笔，一方面是年终岁末，官府封印，戏班封箱，文人封笔；另一方面也暗含着封笔不写小说之意。

“人近中年，观念凝固，用笔习惯已不容易扭转，加之误解重重，过不多久即未被迫搁笔，亦终得搁笔。”[4]

1　沈从文：《1948年12月1日致季陆》，见沈从文：《沈从文全集》（第18卷），太原：北岳文艺出版社，2002年，第517页。

2　沈从文：《1948年12月7日致吉六——给一个写文章的青年》，见沈从文：《沈从文全集》（第18卷），太原：北岳文艺出版社，2002年，第521页。

3　沈从文：《沈从文全集》（第14卷），太原：北岳文艺出版社，2002年，第498页。

4　沈从文：《1948年12月1日致季陆》，见沈从文：《沈从文全集》（第18卷），太原：北岳文艺出版社，2002年，第517页。

2. 我不毁也会疯去

1949 年 1 月 6 日，平津战役胜负大局已定。

就在 1 月上旬，北京大学民主广场贴出一批声讨沈从文的大标语和壁报，抄录的是郭沫若一年前写的《斥反动文艺》全文。文章在香港早已发表，却突然在北平即将解放的微妙时刻被抄写在了校内的大字报上。时隔不久，他又收到了恐吓信。两事相连，他觉得也许真的要封笔了。

当时只有十四岁的沈龙朱后来回忆说："那时候我还是一个小孩儿，在北京四中念书，放了学就去父亲教书的北大看热闹，郭沫若犀利而尖刻地给朱光潜、沈从文、萧乾画像，他们分别被骂成红、黄、蓝、白、黑的作家，我看到父亲是粉红色的，粉红色我觉得还可以。回到家就跟父亲说。我们觉得无所谓的事，对父亲的刺激却很大。"[1]

时代在突变中，北平四面楚歌，北大民主广场的大字报层层叠叠，贴上再被覆盖。少年不以为意，粉红色在其中的罪状尚属于较轻者，但是父亲却心生忧惧。

沈从文在旧作《绿魇》文末写下这样一句话："我应当休息了，神经已发展到一个我能适应的最高点上。我不毁也会疯去。"[2]

1　夏榆：《100 岁的沈从文》，《南方周末》，2003 年 1 月 16 日。

2　沈从文：《题〈绿魇〉文旁》，见《沈从文全集》（第 14 卷），太原：北岳文艺出版社，2002 年，第 456 页。

依靠信念，支撑下来穷困、危难、颠沛流离的战时生活，本以为新时代即将到来，无论是写文章还是做研究，未来可期。他爱他的家人，爱北平，更爱这个国家。

他珍视自己的成绩，想象作品在重新估价中将会完全被否定，成为他致命的打击。

如上云端，突坠悬崖。

仿佛在迷雾中，空前的孤独感包围了他，精神突然就垮掉了。1月中旬，发展为精神不安、敏感多疑，直至失之常态。

1月18日，孤城中清理旧稿，无意中翻出了上海良友图书公司限定印100部的真迹手写本《爱眉小札》，见文思人，于是不免想到徐志摩，已成尘成土十八年，“历史正在用火与血重写，生者不遑为死者哀，转为得休息羡。人生可悯”。[1]

城外的清华园已解放，由于担心沈从文的精神状况，梁思成写信邀请在城内的他出城到清华园住几日，休养身心，“此间情形非常良好，一切安定”。[2]梁思成写这封信的时候是农历年二十九，第二天就是除夕了。

就在除夕这一天上午九点，在罗念生的劝导和相送下，张兆和的堂弟张中和陪伴沈从文从围困的城里前往清华园。

1　沈从文：《题〈爱眉小札〉》，见《沈从文全集》（第14卷），太原：北岳文艺出版社，2002年，第475页。

2　梁思成：《1949年1月7日梁思成致沈从文》，见沈从文：《沈从文全集》（第19卷），太原：北岳文艺出版社，2002年，第3页。

此时，北平正处在包围之中，所以一出城就见到了战事对峙的情景，见到了地雷的爆炸，见到了在战火面前渺小的生命。

死亡的意象，伴随了他。

他走后，家中才收到梁思成和程应铨来的信，均是邀请他到清华小住。也是一种不谋而合，心有灵犀。

在梁思成家中，又一次看到墙上挂着的徐志摩的照片，“这个人死去即已十八年”，“身与名俱灭”。他去世时只有三十四岁，转眼已是多年，他已经比当年的徐志摩老了，而徐志摩的年纪再也不会长了。从窗口望出去的田野，一片荒凉，“已不易想象另一时郁郁青青景象”。[1]

这一天，自他走后，家中访客不断。张兆和完全不同于沈从文的沉沉暮气，在给沈从文的信中，言语间轻快乐观，“你缺少什么便托人带信来，多休息，多同老金、思成夫妇谈话，多同从诫姐弟玩，学一学徐志摩永远不老的青春气息，太消沉了，不是求生之道，文章固不必写，信也是少写为是。”[2]

这一年的旧历年，他在城外，她在城内。

年夜饭主客九人围坐，有林徽因、梁思成、金岳霖，两个年轻助教，两个小主人，一位老太太，还有一个沉默、

1　沈从文：《一点纪录》。

2　张兆和：《1949 年 1 月 28 日张兆和致沈从文》，见沈从文：《沈从文全集》（第 19 卷），太原：北岳文艺出版社，2002 年，第 6 页。

慌乱、羞怯的沈从文，好像回到了十七岁。

时代在转折中，他“已完全相信一个新的合理社会，在新的政府政治目标和实验方式下，不久将来必然可以实现”，[1]“雨雪瀌瀌，见日则消”，明朗阳光到处，旧的形式必将消亡或改造。

旧日朋友虽然还在身边，但已经走在了不同的道路上，面对新时代皆有不同的期待。就在几天前，有解放军干部拜访梁思成夫妇，表达对重要文物古迹的保护态度，并请梁思成把重要文物古迹一一标识在军用地图上，并应解放军的请求，开始编写《全国文物古建筑目录》。在沈从文看来，夫妻二人在即将到来的新社会，将充分发挥他们的作用，但是自己却好像被抛弃了，完全找不到自己的坐标。

1 月 29 日，大年初一。

张兆和让他少写信，但他还是写了一封简短的信。

小妈妈：

我用什么来感谢你？我很累，实在想休息了，只是为了你，在挣扎下去。我能挣扎到多久，自己也难知道！我需要一切重新学习，可等待机会。[2]

1 沈从文:《一个人的自白》，见沈从文:《沈从文全集》(第 27 卷)，太原：北岳文艺出版社，2002 年，第 3 页。

2 沈从文：《1949 年 1 月 29 日复张兆和》，见沈从文：《沈从文全集》（第 19 卷），太原：北岳文艺出版社，2002 年，第 7 页。

1月30日，初二。沈从文在张兆和给他的信上写下很多批语，甚至比原信的字数还要多，愤激而绝望。或许应当离婚了，免得拖累她和孩子。

而张兆和却与他完全相反，她健康、乐观、积极，与当时北平千千万万的普通人一样，对未来充满了欢欣的期待，对新的历史发展饱含热情，她计划出去工作，实现个人的价值。她无法理解沈从文为何困于个人的精神痛苦中，为毫无来由的事情担忧。社会在发展中，他理应向前看，希望他为朋友、为更多的人活得更健康一些，在她看来，做到身心两方面健康的恢复应该不太难。天气好，清华园想必住下来也是极舒适的。

众人皆认为他疯了，于是交流、沟通都已经没有必要，关心变成了他是否吃饱、穿暖，理发、洗澡，而不是他的内心。沈从文就这样与身边几乎所有的朋友隔绝开来，完全在孤立中，孤立而绝望。没有一个当时的人可以共欢欣、同促膝。批判使他精神紧张，二十多年来的执念、坚持和幻想，突然就都成了被唾弃的一部分。“给我不太痛苦的休息，不用醒，就好了，我说的全无人明白。没有一个朋友肯明白敢明白我并不疯。大家都支吾开去，都怕参与。这算什么，人总得休息，自己收拾自己有什么不妥？”[1]

“小妈妈，你不用来信，我可有可无，凡事都这样，

1　沈从文：《1949年1月30日张兆和致沈从文暨沈从文批语·复张兆和》，见沈从文：《沈从文全集》（第19卷），太原：北岳文艺出版社，2002年，第9页。

因为明白生命不过如此。一切和我都已游离。这里大家招待我，如活祭，各按情分领受，真应了佛家所谓因果缘法。其实真有人肯帮助我是给我足量的一点儿。我很需要休息。这对大家都不是坏事。一个柔和结尾，有什么坏。”[1]

在清华园，沈从文内心经历的挣扎与疲惫，大约并没有对朋友们表现出来，他压抑了自己真实的想法。于是，在林徽因和梁思成的视角看来这时的沈从文是安定和愉快的，天晴日美，一群老朋友也依然照样地打发日子，人人都是乐观的。

在清华的沈从文住在金岳霖家，早起八点半同金岳霖一起到梁思成和林徽因家吃早饭，饭后聊天半小时再回去。中午饭时再去，饭后回去睡午觉。下午四时到朋友家闲坐，吃茶、谈天。六时又回到梁林家，饭后聊天到晚上九点方才散去。为免张兆和担心，林徽因和梁思成在写给三小姐的信中，记录下沈从文在清华园的日常生活，不免琐碎。“二哥第一天来时精神的确紧张，当晚显然疲倦但心绪却愈来愈开朗。”[2]

读到信的张兆和，心里软弱得很。一方面为了这份难得的友情，同过欢喜，也共过患难。“人家对我们好，无

1 沈从文：《1949 年 1 月 30 日张兆和致沈从文 暨沈从文批语·复张兆和》，见沈从文：《沈从文全集》（第 19 卷），太原：北岳文艺出版社，2002 年，第 10 页。

2 梁思成、林徽因：《1949 年 1 月 30 日梁思成、林徽因复张兆和》，见沈从文：《沈从文全集》（第 19 卷），太原：北岳文艺出版社，2002 年，第 12 页。

所取偿的对我们好，感动得我心里好难过！”另一方面，自许一直很强健，“觉得无论如何要坚强地扶持你度过这个困难（过年时不惜勉强打起笑容去到处拜年），我想我什么困难、什么耻辱，都能够忍受。”[1]

1949年1月31日，农历正月初三，北平和平解放。中午12时，中国人民解放军第四野战军一部由西直门进入北平城，接管北平防务。张兆和在第二天写给沈从文的信中最后写下：“城内已安定勿念。”[2]

2月1日，王逊从清华园带来给张兆和的信，来时还提起另一个人，一个沈从文一向认为是朋友而不把他当朋友的人，想到这正是叫他心伤的地方，于是忍不住掉下泪来，这是她第一次在客人面前落泪，过后想想很是难为情。而沈从文的想法是，莫要再提不把我们当朋友的人，“我们应当明白城市中人的规矩，这有规矩的，由于不懂，才如此的”。[3]

对这时的张兆和而言，最大的困境是他围困在自己幻想的困境中，无力自拔。“想想有许多朋友为你的病担一份心，多么希望你忽然心胸开朗，如同经过一个梦魇，修

1 张兆和：《1949年2月1日张兆和复沈从文》，见沈从文：《沈从文全集》（第19卷），太原：北岳文艺出版社，2002年，第14页。

2 张兆和：《1949年2月1日张兆和复沈从文》，见沈从文：《沈从文全集》（第19卷），太原：北岳文艺出版社，2002年，第15页。

3 沈从文：《1949年2月2日复张兆和》，见沈从文：《沈从文全集》（第19卷），太原：北岳文艺出版社，2002年，第16页。

正自己，调整自己，又复愉快地来好好使用你这副好头脑子的！”[1]

小妈妈，已苦了你十五年，现在还要来渡这个大关。为了她和孩子们，他终得挣扎，但是外面风雨必来，他们实无遮蔽。

“小妈妈，你的爱，你的对我一切善意，都无从挽救我不受损害。这是夙命。我终得牺牲。我不向南行，留下在这里，本来即是为孩子在新环境中受教育，自己决心作牺牲的！应当放弃了对于一只沉舟的希望，将爱给予下一代。”[2]

沈从文在清华园住了七天，在朋友和家人的期望下，他外表看起来身心舒畅，对事物都有了新的看法，不再苦恼自己，劳烦朋友。但每日依然生活在内心挣扎之中，依靠安眠药才能入睡，这一切平和的表象也许只是看起来而已。

来清华时，张兆和叮嘱他不必写文章，也就不必思虑过多，放下精神压力与紧张，但他并没有做到。在清华期间，他写完了《一点纪录：给几个熟的朋友》和《一个人的自白》，还有一部未完稿《关于西南漆器及其他》，于回家后的3月6日完成。在这总共三十七天的日子里，他写了

1 张兆和：《1949年2月1日张兆和复沈从文》，见沈从文：《沈从文全集》（第19卷），太原：北岳文艺出版社，2002年，第14页。

2 沈从文：《1949年2月2日复张兆和》，见沈从文：《沈从文全集》（第19卷），太原：北岳文艺出版社，2002年，第17页。

超过三万字的文稿，其精神活动高速运转，纠缠难以前行，可见一斑。每天活在精神世界中，如困兽之斗，并通过维持表面的祥和，压抑了情绪的发泄，反倒隔绝了与朋友关联的可能。

在茫茫荒原，心随朗日，提戈前行，孤寂而荒凉。尘沙和狂风把过去的痕迹掩埋了，踟蹰间不知道他自何处来，又要去向何处。

3. 沈从文的自杀

自清华回家后，北平城已和平解放。城外虽短短七日，城内已是两个时代。

2 月上旬，张兆和堂兄张鼎和的女儿张以瑛来北平看望三姑姑和三姑夫，张鼎和 1936 年被国民党杀害，沈从文一直想以他为原型写一部传记式作品，多年过去了，他的女儿已经成长为革命干部，在《天津日报》工作。张以瑛没想到的是这个家正在悬崖边挣扎，晚上，张以瑛与张兆和睡在一张床上，三姑悄悄地哭了，压抑、痛苦、无助，为这个家的变化。

3 月 13 日，沈从文给已回天津的张以瑛写信："你这次来平，给了我极大信心，即对于国家未来的认识，在一个新的领导方式发展中，必然能克服一切困难，逐步完成。……如工作恰巧和时代需要相配合，当然还可为国家下一代做些事。（因纵不能用笔写文章，即作美术史小说史研究，也必然还有些新的发现，条理出一个新路，足为后来者方便。）”[1]并在信中感谢陈沂先生的好意，陈沂时为东北野战军后勤部政委，信末写有“我极希望见陈沂先生谈谈。不知能见到没有？”[2]

大约一周后，陈沂来访，赠送了一些政治学习用的书报，并劝张兆和尽快走出家门接受新的革命教育。

3月28日上午，沈从文在家中自杀。“用剃刀把自己颈子划破，两腕脉管也割伤，又喝了一些煤油。”幸好在白天，张兆和的堂弟张中和来沈家，发现门从里面顶着，情急之下破窗而入，即刻送到医院急救，之后转往精神病院疗养。

在自杀的疯狂举动后，沈从文的情绪似乎不像此前那么激烈了。4月6日，清明已过去了，他在精神病院从早上7点开始写日记，一直写到中午12点将近，“在晨光中，世界或社会，必然从一个‘常’而有继续性中动着，发展着。我却依然如游离于这个以外，而游离的延续，也就必然会带来更多的缠缚。可是我始终不明白我应搁在什么位置上为合宜。”[3]

1　沈从文：《1949年3月13日致张以瑛》，见沈从文：《沈从文全集》（第19卷），太原：北岳文艺出版社，2002年，第19页。

2　沈从文：《1949年3月13日致张以瑛》，见沈从文：《沈从文全集》（第19卷），太原：北岳文艺出版社，2002年，第21页。

3　沈从文：《1949年4月6日四月六日》，见沈从文：《沈从文全集》（第19卷），太原：北岳文艺出版社，2002年，第24页。

迫害感且将终生不易去掉。

“可惜这么一个新的国家，新的时代，我竟无从参与。多少比我坏过十分的人，还可从种种情形下得到新生，我却出于环境上性格上的客观的限制，终必牺牲于时代过程中。二十年写文章得罪人多矣。”[1]心中此时极“慈柔”，希望留下余生为新的国家服务。

阳光依然美好，温暖而多情，心中柔和之至。“我要新生，在一切毁谤和侮辱打击与斗争中，得回我应得的新生。”[2]

4月间出院后，北京大学国文系已经没有了他的课程。但此时恰逢北大博物馆向东厂胡同新址迁移，他抱病参加工作，耗费心血，为布置瓷器、漆器、织造、苗民刺绣等展室用尽全力。

时常不知道自己是谁，与熟人也十分陌生，维持着表面的客气，却增加着内心的生疏。然而社会在新生，自己却好像要在沉默中下沉。面对窄门，从一线渺渺微光中，看到新的时代和新的世界，与他们遥遥相对。

如春雪方融，从溪中流去，
菖蒲和慈菇刚露出嫩芽。
小马跳跃于小坡青草间。

1　沈从文：《1949年4月6日四月六日》，见沈从文：《沈从文全集》（第19卷），太原：北岳文艺出版社，2002年，第25页。

2　沈从文：《1949年4月6日四月六日》，见沈从文：《沈从文全集》（第19卷），太原：北岳文艺出版社，2002年，第32页。

母马啮草徐行，频频回头。

溪水在流，有人过桥，从田坎间消失了。

小小风筝在屋后竹梢上飘荡。[1]

5月10日，张兆和进入华北大学，睡土地，吃高粱米饭，早上四点起床，读文件、唱歌，接受初步的革命教育，生活过得兴奋而愉快。华北大学原本是3月份就应该去的，因为沈从文病中自杀，不得不推迟到了5月。

华北大学不远处的国子监，红墙黄瓦，琉璃牌坊，在晚晴的色调中既寂静又富丽，游玩的人很少，张兆和寄信回来就顺道散步游览，正殿都封闭着，两廊的木栅里面有许多石碑，如果二十年前，在这样孤寂的情形下，她一定要伤感了。"现在我虽然也还是一个人玩，因为有你们，我从来不感到孤独或伤感。"[2]

5月30日，沈从文在孤寂中写下《五月卅下十点北平宿舍》，"我的家表面上还是如过去一样，完全一样，兆和健康而正直，孩子们极知自重自爱，我依然守在书桌边，可是，世界变了，一切失去了本来意义。我似乎完全恢复到了许久遗忘了的过去情形中，和一切幸福隔绝，而又不悉悲哀为何事，只茫然和面前世界相对，世界在动，一切

1　沈从文：《第二乐章——第三乐章》，见沈从文：《沈从文全集》（第15卷），太原：北岳文艺出版社，2002年，第211页。

2　张兆和：《1949年5月11日张兆和致沈从文》，见沈从文：《沈从文全集》（第19卷），太原：北岳文艺出版社，2002年，第39页。

在动，我却静止而悲悯地望见一切，自己却无分，凡事无分。我没有疯！可是，为什么家庭还照旧，我却如此孤立无援无助的存在。”[1]

只觉得人生可悯，人与人如此隔离，无可沟通，“相熟三十年朋友，不仅将如陌生，甚至于且从疏隔成忌误，即家中孩子，也对于我如路人”。[2]

时隔四十年后，张兆和在北京崇文门寓所平静地回忆那段时光，“当时，我们觉得他落后，拖后腿，一家人乱糟糟的。现在想来不太理解他的痛苦心情……”[3]

至于当时的沈从文，“心已碎毁，即努力粘合自己，早已失去本来”。如此下去，将成为“一个牺牲于时代的悲剧标本”。[4]

因 1949 年上半年在生命中所发生的变化，沈从文已失去判断事情的常识。原本留下来是为了简单生活，问题却转若益增复杂。“情绪既纷乱失常，张弛无定，且上下之间，倏忽到自己不易控制，亢奋和消沉只是反手间事。

1　沈从文：《1949 年 5 月 30 日五月卅下十点北平宿舍》，见沈从文：《沈从文全集》（第 19 卷），太原：北岳文艺出版社，2002 年，第 42—43 页。

2　沈从文：《1949 年 7 月左右 致刘子衡》，见沈从文：《沈从文全集》（第 19 卷），太原：北岳文艺出版社，2002 年，第 45 页。

3　陈徒手：《午门城下的沈从文》，见陈徒手：《人有病 天知否：1949 年后的中国文坛纪实》，北京：人民文学出版社，2010 年，第 16 页。

4　沈从文：《1949 年 9 月 8 日致丁玲》，见沈从文：《沈从文全集》（第 19 卷），太原：北岳文艺出版社，2002 年，第 48 页。

除了工作若有个定向，在人事取予上，都已到一个无原则的迷蒙中。”[1]

4. 文字写作即完全放弃，并不惋惜

1949 年 7 月 2 日，中华全国文学艺术工作者第一次代表大会召开，作家们齐聚北京，是一次为新时代准备的文艺创作队伍的列队整合。沈从文的老友冯至在《人民日报》发表文章《写于文代会开会前》，满怀激情和豪迈，文中写道：“这次大会是五四以来，也就是自从新文艺运动以来，文学艺术工作者第一次的大会合。”[2]

第一次文代会共到会代表 824 人，主席团于 6 月 30 日的大会预备会中推定，共有 99 人，其中有不少沈从文的老朋友，例如巴金、丁玲、曹禺、冯至等，大会总主席是郭沫若，副主席是茅盾、周扬。这次大会总共历时半个月，沈从文不仅不是主席团成员，连参会代表都不是。

至于沈从文，他只是希望单单纯纯地工作下去，把生命和知识转到人或事上去，但具体能工作多久，全然不知道，是否必须要离开这个北平，也不知道。因心受了伤，永远在抽象的恐惧中，不知如何方能挣扎出这个缠缚。“我

1 沈从文：《1949 年 7 月左右致刘子衡》，见沈从文：《沈从文全集》（第 19 卷），太原：北岳文艺出版社，2002 年，第 47 页。

2 冯至：《写于文代会开会前》，《人民日报》1949 年 7 月 2 日第四版。

一生做人也并不怎么坏。对革命虽游离，普通对事对人亦并不如何自私。本来且心无城府，少防御。”[1]“革命对于我已十分宽容，只能说我自己过于脆弱。”[2]

第一次文代会 7 月 19 日闭幕，7 月 16 日，沈从文给在香港的表侄黄永玉写信，劝他北上。

沈从文对这崭新的时代，爱得深沉而浓烈。

黄永玉的笔名，是表叔沈从文起的，表示永远光泽明透。抗战胜利后，沈从文得知凤凰那个曾经问他是否坐过火车的顽皮小孩，已经走出家乡的虹桥，穿过洞庭，去翻阅一本人生的大书，拥有和他当年相似的二十一二岁。

黄永玉已经成为木刻家，活跃在上海的木刻界，二十一岁的他，正过着“欢乐的贫困是美事”的生活。从此，漂泊在外的表侄二人，开始有了联系与交往。后来黄永玉去了香港，在那里待了将近六年的时间，也在香港欢庆祖国的解放。

从文表叔是第一个要他回北京参加工作的人。

8 月，沈从文的人事关系从北京大学转到北平历史博物馆陈列组，去到之后的初期任务是抄写文代会等适宜宣传用的橱窗内图片说明。

初期临时性工作完成后，陈列组的日常主要工作是在

1 沈从文：《1949 年 7 月左右致刘子衡》，见沈从文：《沈从文全集》（第 19 卷），太原：北岳文艺出版社，2002 年，第 46 页。

2 沈从文：《1949 年 7 月左右致刘子衡》，见沈从文：《沈从文全集》（第 19 卷），太原：北岳文艺出版社，2002 年，第 45 页。

库房清点登记馆藏文物，曾数过上万钱币，另外也参加布置陈列室，编写文物说明，抄写陈列卡片，为展品写标签，都是些琐碎的工作。

两个月前，沈从文曾应邀在北平文化教育接管委员会办公处与丁玲会见。后来丁玲约何其芳去家中看过病中的沈从文，劝他抛掉自己的过去，越快越多越好。沈从文的写字桌上放着一张跟随了他十八年的旧照片，那时胡也频去世有两月，他陪伴丁玲回湖南送遗孤，途中经过武昌，在城头与凌淑华一家人照了合影。时至如今，时代变了，凌淑华和女儿小莹定居欧洲，丁玲成了新政权文艺界的风云人物，遗孤韦护也已长成了青年，他却游离于群外，陷入一种不可解的情形，只有面对相片发呆。

旧事如天远。

当沈从文在北平历史博物馆抄卡片、数钱币、做布展时，丁玲已是全国文联机关刊物《文艺报》的主编。

1949 年 9 月 8 日，沈从文致信丁玲，希望与她商讨一下自己的现在和未来。在休息中恢复理性，接受现实教育，他已改变了很多，“已尽了最大的克制力，学习文件，联系自己。且凡事往大处看，学习忘去自己病中种种痛苦谵妄，有小小进步。”[1] 关于未来，放弃文学，也并不可惜，“为补救改正，或放弃文学，来用史部杂知识和对于工艺美术

1　沈从文：《1949 年 9 月 8 日致丁玲》，见沈从文：《沈从文全集》（第 19 卷），太原：北岳文艺出版社，2002 年，第 48—49 页。

的热忱与理解，使之好好结合，来研究古代工艺美术史。并企图进一步研究，努力使之和现代生产发生关系。”[1]如有可能，将来去往一个新的文教机构，担负一个小小的职务，又或者是国家需要他用笔为新社会服务，可以从事小说或历史传记方面的工作。

“文字写作即完全放弃，并不什么惋惜。有的是少壮和文豪，我大可退出，看看他人表演。……且让我老老实实多做点事，把余生精力解放出来，转成研究报告，留给韦护一代作个礼物吧。”[2]

1 沈从文：《1949年9月8日致丁玲》，见沈从文：《沈从文全集》（第19卷），太原：北岳文艺出版社，2002年，第49页。

2 沈从文：《1949年9月8日致丁玲》，见沈从文：《沈从文全集》（第19卷），太原：北岳文艺出版社，2002年，第52页。

第十二章　狂风吹我心

1. 把一只大而且旧的船作掉头的努力

心已碎毁，正如一瓦罐，勉强黏合，却不知该从何入手？如果家庭毁灭，生存了无意义，“唯一能帮助我站得住，不至于忽然圮坍的，即工作归来还能看到三姐”。[1]她成为支持他向上的梯子、椅子，以及一切力量的源泉。

但是，却并不能时常相见。此时，张兆和在华北大学接受革命教育，平时住校并不归家，戴着红领巾的两个孩子，经常需要参加政治集会、劳动服务，回家也很晚，他们都在向外生长、开花、结果，越长越大，甚至要把沈从文那勉强黏合起来的瓦罐撑开了去。

家中有四人，屋内空空空，他开始担心，“革命”会拆散他的家庭。“我目下还能活下去，从挫折中新生，即因为她和孩子。这个家到不必须受革命拆散时，我要一个家，才可望将全部工作精力解放献给国家，且必然发疯发狂工作，用作补偿过去离群痛苦。我且相信这么工作，对社会

1　沈从文：《1949年9月3日致丁玲》，见沈从文：《沈从文全集》（第19卷），太原：北岳文艺出版社，2002年，第51页。

用处，比三姐去到别处工作大得多。只要她在北平做事，我工作回来可见见她，什么辛苦会不在意，受挫折的痛苦也忘掉了。”[1]

改造他，唯有三姐和他一起方有希望，如果欲使他疯狂到毁灭，方法简单，那便是鼓励她离开。没有前行的航线，亦无再攀缘的楼台，成为旧时光的活化石。

一只大而直航向前的船，太旧了，掉头是相当吃力的。

张兆和一直是与沈从文不一样的人。他希望她回归家庭，她却希望他离开家去参军。他愿意什么都不为，只为了她而改变，放下过去，适应新时代。“我一定要使你愉快，如果是可能的，我要请求南下或向东北走走。”[2]

温习十六年来他们的过去，她明白他，她理解他，但是明白和理解的只是一小部分，好像还缺了那么一重山。

9月的最后两周，沈从文开始写一首长诗，《黄昏和午夜》，写完的时候是10月1日，旧时月色已经成为艳阳天。

这年冬天，张兆和结束在华北大学的学习，分配到北京师范大学附属中学任语文老师。但是，北师大附中在离家很远的西郊，张兆和平时住校，依然是周末才能回家。

1950年3月，沈从文进入拈花寺的华北大学接受革命教育，也是周末回到北京大学中老胡同的家。

1　沈从文：《1949年9月8日致丁玲》，见沈从文：《沈从文全集》（第19卷），太原：北岳文艺出版社，2002年，第51页。

2　沈从文：《1949年9月20日致张兆和》，见沈从文：《沈从文全集》（第19卷），太原：北岳文艺出版社，2002年，第55页。

一家人只有周末才能团聚，一边吃饭一边说说一周的见闻。

在华北大学学习，每天从早五点到晚上十点，听报告、学文件、讨论、座谈，对照个人情况进行检查、反省。“由于政治水平过低，和老少同学比，事事都显得十分落后，理论测验在丙丁之间，且不会扭秧歌，又不会唱歌，也不能在下棋、玩牌、跳舞等等群的生活上走走群众路线，打成一片。换言之，也就是毫无进步表现。”[1]总感到格格不入，三十年都格格不入，在这个学校里半年，自然更不会把这些学好。

一年前，因为沈从文给表侄黄永玉的信里写“我很想念你，可不知如何说下去。如果在香港无什么必要，照我看北来学习为合理”。[2]于是，黄永玉和太太梅溪带着一架相机和满满一皮挎包的钞票来北京探望表叔沈从文，那时的他们真是年轻，充满了简单的童稚的快乐，“见到民警也务必上前问一声好，热烈地握手”。[3]

在北京住了大约两个月，黄永玉和梅溪返回香港，沈从文在给梅溪的信中写：“北京地方宜于久住，有内容，人极厚重，尚情谊，住久了越分不开。”[4]

1　沈从文：《1950年8月2日复萧离》，见沈从文：《沈从文全集》（第19卷），太原：北岳文艺出版社，2002年，第71页。

2　沈从文：《我们这里的人只想做事》，《书城》，2008年第1期。

3　黄永玉：《沈从文与我》，长沙：湖南美术出版社，2015年，第18页。

4　沈从文：《1950年9月12日致张梅溪》，见沈从文：《沈从文全集》（第19卷），太原：北岳文艺出版社，2002年，第83页。

1950年9月11日，周一。本该各自在外教书、上学，但是沈从文与张兆和都回家，一起度过了一个家庭联欢小会。“五年中，也可说十七年第一次在小馆子叫了两盘菜。”[1]自他从湘西到北京，几十年来，从未主动上馆子吃过一顿饭，他没有这个习惯，按照他的说法是：“美，总不免有时叫人伤心……”[2]

十七年前的这一天，三三做了新娘。

12月，沈从文从革命大学毕业。毕业时，学员填写工作志愿，组织上希望他回到作家队伍，继续写作。沈从文不是没想过，在革命大学学习期间，他曾尝试写纪实性小说《老同志》，他承认这次难得的试笔失败了。面对的障碍太多，文字能力受到很大的制约，他认为自己缺少新社会的生活经验，头脑也还常处在混乱痛苦中，因此选择依然回到博物馆工作，只是工作类型变为设计员，主要是做研究。

虽然说是做研究，但与在陈列组时的工作区别并不大，布置陈列、起草说明、撰写评介文字、起草解说词，还包括承担解说员的工作，事事忙碌。

1　沈从文：《1950年9月12日致张梅溪》，见沈从文：《沈从文全集》（第19卷），太原：北岳文艺出版社，2002年，第87页。

2　黄永玉：《沈从文与我》，长沙：湖南美术出版社，2015年，第22页。

2. 午门城头上的沈从文

回到北平历史博物馆，每天上班下班，从早上七点到下午六点，一共十一个小时。“以公务员而言，只是个越来越平庸的公务员，别的事通说不上的。生活可怕的平板，不足念。”[1]

凡是旧日的朋友基本都隔绝了，凡事也都十分生疏。同处大城，各以物役，见面不易。张兆和工作的地方依然很远，一星期只能见一回面，就这一回面还时常因为临时有事而耽搁，孩子们也逐渐有了各自的忙碌。“家中人对我生疏日甚，别的人对我生疏更可想而知。”[2]

在博物馆，“每天虽和一些人同在一处，其实许多同事就不相熟。自以为熟习我的，必然是极不理解我的。一听到大家说笑时，我似乎和梦里一样。生命浮在这类不相干笑语中，越说越远。”[3]每天在坛坛罐罐中转来转去，早晚签到，有一百来个同事，馆长、秘书、主任、科长、组长……头上约有五级首长，并没有太多研究的氛围。“工作实在

1 沈从文：《1950 年 9 月 2 日凡事从理解和爱出发》，见沈从文：《沈从文全集》（第 19 卷），太原：北岳文艺出版社，2002 年，第 110 页。

2 沈从文：《1950 年 9 月 2 日凡事从理解和爱出发》，见沈从文：《沈从文全集》（第 19 卷），太原：北岳文艺出版社，2002 年，第 112 页。

3 沈从文：《1950 年 9 月 2 日凡事从理解和爱出发》，见沈从文：《沈从文全集》（第 19 卷），太原：北岳文艺出版社，2002 年，第 112 页。

可怕的琐碎而沉闷，即在馆中，也没有人注意到这工作有什么意义。”[1]

他几乎天天到午门楼上的展览会自愿给观众讲解，认真热情，乐在其中，这大约是他在博物馆最放松愉快的时候，只是熟人看到了不免有些凄然。周有光曾讲述了这样一个小故事：“大约在五十年代中，有一回馆里接到市委通知，说有领导同志要来馆里参观。沈从文被通知参加接待工作，他一早就来了，等了很长时间，终于把领导同志等来了，原来是副市长吴晗。沈从文见了就躲开了，事后领导追问，他只好说：‘我怕他恭恭敬敬地对待我。’他解释说，因为吴晗是他的学生。”[2]

吴晗 1928 年考入中国公学，与张兆和同级，沈从文是他们的老师。

相见尴尬的层次怕是又多了很多，难以消散。

与此相同的是，在萧乾的记忆中，跟沈从文有过几次接触，彼此的心情都很复杂。有一回萧乾陪外宾去故宫参观，恰好是沈从文在讲解，拿一根讲解棍，非常认真。“我看了很伤心，觉得这是一个年轻人干的事，怎么让他干？我怕影响他，也怕伤害他，躲得远远的，没有上前跟他打招呼。”[3]

1　沈从文：《1954 年冬复沈云麓》，见沈从文：《沈从文全集》（第 19 卷），太原：北岳文艺出版社，2002 年，第 396 页。

2　陈徒手：《午门城下的沈从文》，见陈徒手：《人有病 天知否：1949 年后的中国文坛纪实》，北京：人民文学出版社，2010 年，第 21 页。

3　陈徒手：《午门城下的沈从文》，见陈徒手：《人有病 天知否：1949 年后的中国文坛纪实》，北京：人民文学出版社，2010 年，第 20—21 页。

每天博物馆关门时，照例总还有些人想要多停留，到把这些人送走后，沈从文独自站在午门城头上，看着暮色四合的北京。百万户人家房屋鳞次栉比，屋檐下有着种种存在、种种发展与变化。听到远处无线电播送器的杂乱歌声，近处是太庙松柏林中黄鹂的鸣叫，有些声音很远却很近，有些声音很近却很远。生命其实原本孤单，家中也没有等他回家的人，“明白生命的隔绝，理解之无可望”。[1]

1951 年 10 月 25 日，沈从文随北京土改工作团，启程去四川参加土地改革。临走的那天上午，孩子们都上学走了之后，灯还亮着，沈从文在小房间桌子边给张兆和写信，不免有点感伤。下午 5 点在车站集合，6 点进站上车，听说到重庆需要一礼拜的时间，“像是三十年前第一次出门，和十四年前离京上云南一样，心相当衰弱”。[2]个人极渺小，希望在历史的大变迁中学习靠拢人民，得到新的勇气，来为国家做几年事情。

南方的气候似乎迟了一些，在淼淼烟波的洞庭湖边，江面风很温和，沈从文独自在甲板上看小船和种种色色的货物起运，很想念孩子们，在给他们的信中写道：“你们都欢喜赵树理，看爸爸为你们写出更多的李有才吧。”[3]

1　沈从文：《1950 年 9 月 2 日凡事从理解和爱出发》，见沈从文：《沈从文全集》（第 19 卷），太原：北岳文艺出版社，2002 年，第 118 页。

2　沈从文：《1951 年 10 月 25 日致张兆和》，见沈从文：《沈从文全集》（第 19 卷），太原：北岳文艺出版社，2002 年，第 121 页。

3　沈从文：《1951 年 10 月 28 日致沈龙朱、沈虎雏》，见沈从文：《沈从文全集》（第 19 卷），太原：北岳文艺出版社，2002 年，第 126 页。

在去四川的四个月，看到的人事和景物都是一生未见也未能想象的。这山一程，水一程，沈从文写了大量的家信，见闻、感触、生活、思绪，细致入微，丰富而繁杂。“这么学习下去，三个月结果，大致可以写一厚本五十个川行散记故事。有好几个已在印象中有了轮廓。”[1]

在现实中学习，一片锦绣河山，那颗写作的心重新温热了起来，笔如果还有机会能用，还有点时间可以自由支配来用。“从早上极静中闻竹雀声，和四十年前在乡下所闻如一，令人年青恢复，不敢堕落。只觉得生命和时代脉搏一致时的单纯宁静。人事的动和自然的静相互映照，人在其间，实在离奇。尤其是我处身其间，创造心的逐渐恢复，十分离奇。”[2]

1952年的春节，沈从文在川南的小山村度过，3月7日，回到北京。

等沈从文回到初春的北京，因为这年春节前几日学校催搬住处，他的家已经从北京大学中老胡同，搬到了北新桥大头条胡同租用的民房里。

1　沈从文：《1951年11月8日致张兆和》，见沈从文：《沈从文全集》（第19卷），太原：北岳文艺出版社，2002年，第156页。

2　沈从文：《1951年11月19日至25日致张兆和》，见沈从文：《沈从文全集》（第19卷），太原：北岳文艺出版社，2002年，第177页。

3. 客从何处来

因为沈从文已不在北京大学任教，于是就无法在北大宿舍继续住下去，学校催着搬家也是应当，沈从文在2月的家信里也说“我们没有权利住下去”。至于张兆和选的北新桥，“地方太僻，和一切隔绝，即和图书馆还隔得那么远，要读书可无可为力。但是，只要你们觉得好，也就成了。”[1]

离京四个月，连家都已经变了。虽然不至于“少小离家老大回”，但也是“笑问客从何处来”。

回到北京，沈从文站在北新桥大头条胡同十一号院的门口，问院里的人，沈从文是不是在这里住。

住处离历史博物馆也比较远，每天沈从文5点起床做饭，6点左右就要出门上班，在北新桥买个烤白薯暖手，坐电车到天安门时，门还不开，于是坐下来看天空星月，开了门再进去。晚上回家，有时大雨，即披个麻袋冒雨回家。

他打算尽快找个地方换个房子，地点最好选择北海和图书馆附近，也看风景也读书。

只是这一住，又是一年多。一年来，他每天上班，每天按时签到，每天凡事必禀呈上司，“一离办公桌必禀告

---

1 沈从文：《1952年2月25日致沈龙朱》，见沈从文：《沈从文全集》（第19卷），太原：北岳文艺出版社，2002年，第350页。

一下主任，印个二寸大照片作资料，必呈请主任批准，再请另一部主任批准，才进行。”[1]

一年，好像什么工作都没有做，就那么过去了。

1952年对于中国教育来说，是一个重要的年份。这年7月，全国高等学校院系调整正式开始，中国高等教育确立了以苏联模式重建高教制度的方向。中国大学大都在1952年经历了死与生，有些著名高校被拆分，所有私立大学和教会大学都遭到裁撤或改造。9月开学的时候，成批的大学突然就此消失，成为讳莫如深的尘烟往事。

中国高等教育的大历史，对于在历史博物馆日常担任解说员工作的沈从文而言，也有了一些影响。他本来兼课的辅仁大学，拆分后各院系分别并入北京师范大学、北京大学、中国人民大学、中央财经大学、中国政法大学。曾经商调他去中国人民大学任专职教授，但他最后还是选择留在历史博物馆。物件趋于稳定，早期实行的折实工资转为固定工资制。复查工资定级时，由于沈从文和主管业务的馆长韩寿萱都曾在北大任教，韩寿萱是北大博物馆系主任，沈从文当年的薪金高于韩寿萱。如果按此定级，他的工资将高于主管领导。沈从文提出只要有工作便利，薪资则希望永远不要超过馆中业务领导的。

1953年，在北方2月的天气里，黄永玉和太太梅

1 沈从文：《1953年10月末 致高植》，见沈从文：《沈从文全集》（第19卷），太原：北岳文艺出版社，2002年，第365页。

溪带着七个月大的孩子回到北京，一个孤独的老人站在月台迎接他们，然后坐着古老的马车回到北新桥的“新家”。“现在租住下的房子很快也要给迁走的。所以住得很匆忙，很不安定，但因为我们到来，他就制造一副长住的气氛，免得我们年轻的远客惶惑不安。”[1]黄永玉在中央美术学院的教学工作稳定下来之后，找到住处，便搬离了北新桥。

黄永玉搬走后沈从文很快也搬了家，历史博物馆给他分了宿舍，在东堂子胡同五十一号。虽然与厕所为邻，但总算有了稳定的住处。宿舍有三间房子，朝南都是窗子，白天有极好的太阳照满窗，卧室北窗有一棵枣树横斜着，映着蓝天。只是可惜了那么好的晴日，他每天却是天亮后不久即离开宿舍，回来已是上灯时分。

屋里虽有好春光，却没有床铺，沈从文用书箱、煤油桶、旧书、床板等材料拼凑出一张床，“生活虽这么样，一切还是很好。因为时时刻刻感到国家可爱，个人能够这么生活，已够好了”。[2]

这年9月召开的全国文学艺术工作者代表大会，沈从文以工艺美术界代表的身份出席，其间毛泽东、周恩来等领导接见十二位老作家，沈从文也在其列。毛泽东

1 黄永玉：《沈从文与我》，长沙：湖南美术出版社，2015年，第21页。

2 沈从文：《1953年10月末致高植》，见沈从文：《沈从文全集》（第19卷），太原：北岳文艺出版社，2002年，第366页。

在问过他年龄后，勉励他说："年纪还不老，再写几年小说吧……"[1]胡乔木还专门来信，愿意为他重返文学创作岗位做出安排，他多有犹豫，迟迟都没有回信。

翻越了昏黄的过往和渐渐消弭的希望，又站在路口，屋后的枣树又发了新芽，生活似乎又有了很多的可能性。

未知的想象，终敌不过一纸现实。

这一年，开明书店告知他因作品业已过时，所有已印未印书稿及纸型，均已奉命销毁。与此有相同命运的是，由于政治原因，台湾当局明令禁止出版他的任何作品。这一禁令，一禁就是三十年。

"书店负责人极聪明，知道对人民无益，对党国无用，所印书一把火通烧掉了。一烧掉，自然什么都完事了。慢慢地，并家中孩子们，也不明白家中父亲是学什么、懂什么了。"[2]

沈从文给大哥写信，希望留在家中的书稿也一起烧掉，"免得误人子弟"。[3]在床上躺着听贝多芬，很觉为生命悲悯，"可惜得很，那么好的精力，那么爱生命的爱人生的心，那么得用的笔，在不可想象中完了。不要难过。生命总是

1　沈从文：《我为什么始终不离开历史博物馆》，见沈从文：《沈从文全集》（第27卷），太原：北岳文艺出版社，2002年，第248页。

2　沈从文：《1954年秋（1）复潜明》，见沈从文：《沈从文全集》（第19卷），太原：北岳文艺出版社，2002年，第389页。

3　沈从文：《1954年1月复沈云麓》，见沈从文：《沈从文全集》（第19卷），太原：北岳文艺出版社，2002年，第376页。

这样的。我已尽了我能爱这个国家的一切力量。”[1]

不仅沈从文常被病痛折磨，张兆和也患了肋膜炎，成了卧床的病人，拖了两三年也仍然未见全好。不过令人有些欣慰的是工作发生了调动，成为《人民文学》的编辑，工作单位近了，下班后就能回家，不必再像中学任教时那样每周才能回家一次，家总算有了些家的样子。

4. 坛坛罐罐，花花朵朵

在黄永玉看来，张兆和像一位高明的司机，对付沈从文这么一部结构很特殊的机器，任何情况都能驾驶在正常的生活轨道上，真是神奇之至。“两个人几乎是两个星球上来的，他们却巧妙地走在一道来了。没有婶婶，很难想象生活会变成什么样子，又要严格，又要容忍。”[2]

住在东堂子胡同，去历史博物馆上班方便了些，在这里，他住的时间较长。每天的生活是早上 7 点出门，晚上 6 点回家。每天早上从住处到办公处，必经过毛主席检阅时的天安门，从门洞走进去约六百步，办公室在端门和午门之间，是明清两代候朝官停顿的西厢。傍晚由办公室回住处，又经过毛主席检阅时的天安门门洞。风晴雨雪，总可以看

1　沈从文：《1954 年 1 月 25 日复道愚》，见沈从文：《沈从文全集》（第 19 卷），太原：北岳文艺出版社，2002 年，第 381 页。

2　黄永玉：《沈从文与我》，长沙：湖南美术出版社，2015 年，第 24 页。

到天安门。

“一天只是进出天安门，只是是和上千上万坛子、罐子、绸子、缎子、花花朵朵打交道。馆中什么事都插一手，可是一切熟人通隔绝了，弄了多年的书也生疏了，自己搞的那一行更是生疏，社会生活极端缺少，实在糟糕。”[1] 一天总像是充满忙碌，可是却并不曾有太多的收获，在书信中说起眼前的生活，总是四个字“诸事照旧”。离开那曾经朝夕相处的小说生涯越来越远了，甚至“已没有资格叫作家了”。“因为几年来都不曾写什么文章，实在也不配做作家。全国作协我并无什么名分，这些庄严的会，是无资格参加的。过去的书，几年前就得到通知，已通通烧掉了。对于人民无益有害，有此结果，是十分自然的事，我不丧气，不过因此一来，更怕事了。怕一心为国家来努力做的工作，到头又弄错。”[2]

1956 年 5 月 2 日，毛泽东在最高国务会议上提出，在文艺和学术研究中应实行“百花齐放，百家争鸣”的方针。沈从文在给大哥的信中写道：“近来正是‘百家齐鸣’的时代，到处都鸣起来了，我似乎已没有什么可鸣处，却只想把所学的好好用到具体工作上去。写小说算是全失败了，不容许妄想再抬头。近来文物工作也搞得不好，如又弄错，

1　沈从文：《1955 年 5 月 27 日复沈云麓》，见沈从文：《沈从文全集》（第 19 卷），太原：北岳文艺出版社，2002 年，第 420 页。

2　沈从文：《1956 年 4 月 17 日复沈云麓》，见沈从文：《沈从文全集》（第 19 卷），太原：北岳文艺出版社，2002 年，第 456 页。

还不知再换什么工作会对国家有用一些。一举手，一投足，都会犯错误，写什么自然更不好办，不知怎么办。”[1]

10月，沈从文出差到济南、南京、苏州、上海等地，向各地博物馆学习。第一站就是济南，在济南前后不足六天，却给张兆和写了九封信，约一万五千字。济南清静、从容，就像夜晚从疏疏树叶中透过的月影，似乎把他带到了1933年的冬天，他坐在小船上看两岸的翠绿，心里有想念着的人，不停地写一封又一封的信，“感染到一种不可言说的气氛，或一种别的什么东西。生命似乎在澄清”。[2]

兆和三毛姐，天气真美。凡事放心！

到师范学院时，正值午课放学，他湮没在学生的人群涌动中，没有一个人认识他，也没有人明白沈从文是谁，他在做什么，想到如果换作是巴金来的话，大致不到半小时，就能传遍全校。

一路向南，过苏州。苏州的黑瓦白墙没有变，可是街上情形已有大不同。去九如巷张家探望了继母韦均一，孩子们在门外喊：“三姑爷来了！”门内的老保姆也用合肥话跟着喊：“三姑爷来了！”门内外一片喊声中都夹着大笑声，家的感觉和烟火气息就在这些喊叫声中漫溢开去。在上海，见了许多旧日朋友，巴金、靳以、流金，好像还

1 沈从文：《1956年7月复沈云麓》，见沈从文：《沈从文全集》（第19卷），太原：北岳文艺出版社，2002年，第471页。

2 沈从文：《1956年10月13日致张兆和》，见沈从文：《沈从文全集》（第20卷），太原：北岳文艺出版社，2002年，第29页。

和过去一样，那些鲜衣怒马的往昔，就这么层层叠叠、曲曲折折地映射到了今天。

11 月上旬，结束了一个月的出差返回北京。下旬又作为政协委员，到达湖南。这是他相隔 22 年后第一次回家乡，却因为高血压、心脏病住了一星期的医院，无聊时买了本当时的名家名作《三里湾》来读，读后觉得不怎么好，笔调不吸引人，描写人物不深入，一切都是表面的。“我每晚除看《三里湾》也看看《湘行散记》，觉得《湘行散记》作者究竟还是一个会写文章的作者。这么一支好手笔，听他隐姓埋名，真不是个办法。但是用什么办法就会让他再来舞动手中一支笔？简直是一种谜，不大好猜。”[1]

又回到湘西，一切好像都变了又像没有变，一切如此陌生一切又那么熟悉，青山依旧，江水碧绿。这江水的动人，务必要半渡时看两边，于是为了温习四十年前的生活经验，和二十四五年前的笔下经验，就沿了那一列青苍苍崖壁脚下走去，随着几个乡下人上了小渡船。

仍怜故乡水，万里送行舟。

这一次上船的经历和思绪，后来整理为散文《新湘行散记——张八寨二十分钟》，发表于 1957 年 6 月《旅行家》第 6 期，署名沈从文。

1956 年，毛泽东提出的“百花齐放，百家争鸣”的“双

1　沈从文：《1956 年 10 月 13 日致张兆和》，见：沈从文：《沈从文全集》（第 20 卷），太原：北岳文艺出版社，2002 年，第 111 页。

百方针”正式提出并逐步完善，带来了文艺政策的调整，1957年1月，从湖南回京的沈从文给大哥写信报平安，并提到人民文学出版社计划为沈从文的小说印个选本，大致可以印二十多万字，希望能在3月中选出稿件，6月就可出版，“印出后如读者还需要，就再研究如何印第二本”。[1]

1957年4月，中共中央在《人民日报》发表《关于整风运动的指示》，在全党开展“反官僚主义、反宗派主义和反主观主义”的整风运动。“大鸣大放”开始了，沈从文的反应是总有些太热闹了，甚至不免有些乱。对于作家来说，没有像样的作品，任何时候都没有说话的资格。

但是，对旧作他还是有信心的。7月，沈从文在北京，写下即将出版的小说选本的《选集题记》。

> 当更大的社会变动来临，全国人民解放时，我这个和现社会要求脱了节的工作，自然难以为继，这份未竟全功的工作必然停顿下来了。一搁就是近十年。……在这种情形下，我过去写的东西，在读者友好间还未忘记以前，我自己却几乎快要完全忘掉了。[2]

在《选集题记》中，沈从文以当世之眼光追述了自己

1　沈从文：《1957年10月9日致沈云麓》，见沈从文：《沈从文全集》（第20卷），太原：北岳文艺出版社，2002年，第138页。

2　沈从文：《〈沈从文小说选集〉题记》，《沈从文全集》（第16卷），太原：北岳文艺出版社，2002年，第376页。

三十多年的文学历程，轻描淡写，平淡得几乎没有波澜。作为一个新时代的“旧作家”，个人在时代面前的渺小以及被动却又无法融入由于政治变动所导致的社会评价体系重组之后的仓皇，促使他留下了相爱却不能之后所故意说的狠话。沈从文之于自己的“旧文学”，仿若十年离散后再重逢的旧时恋人，今非昨，人各成，只道早相忘。

同样是在7月，《人民文学》7月和8月号，连续发表沈从文的散文《跑龙套》和《一点回忆、一点感想》。

午门城上的沈从文沉浸在重新写作的愉悦之中。8月，经过各方协调后沈从文被安排至青岛修养和写作，这是他熟悉的云海和爬满石墙的薜萝，“头脑似乎又恢复了写《月下小景》时代，情形和近几年全不相同了”。[1] 但是沈从文充满兴奋和紧张下笔如有神写下的作品，寄给张兆和却被泼了冷水：“拜读了你的小说。这文章我的意思暂时不拿出去。……即或不是在明辨大是大非运动中，发表这个作品，我觉得也还是要考虑考虑。”[2] 这里提到的明辨大是大非运动即是在全国范围内展开的“反右运动”，采取了大鸣、大放、大字报、大辩论的形式，致使反右运动被严重扩大化。

虽然张兆和害怕对他武断的看法伤害了他写作的信心，于是补有一句鼓励的话：“我的看法是不是太主观，太武

1　沈从文：《1957年8月13日致张兆和》，见沈从文：《沈从文全集》（第20卷），太原：北岳文艺出版社，2002年，第185页。

2　张兆和：《1957年8月11日张兆和致沈从文》，见沈从文：《沈从文全集》（第20卷），太原：北岳文艺出版社，2002年，第183页。

断，不切实际，请批评，请原谅，只是希望你不要因此气馁，你多写，你会写得好的。”[1]只是这鼓励，总像是对待小孩子般的安慰。

写好作品，务必要看报纸，了解国家的时事和方向，待张兆和看过报纸后再寄给沈从文恐怕太迟了，朝夕变换，时代的车轮滚滚向前，她命沈从文立刻就去订报。8月在青岛的沈从文，看到“丁陈事已见报”。[2]

8月中旬，沈从文在信中谈及此事，提醒张兆和要加倍小心和谨慎。信末附言：“房中来了第三个人，写作事恐只有放弃了。三个人住在约二方丈宽地方，共只一个几子，一个写字桌，和大学生宿舍一样，灯还在正中，不在桌边，实在已不大像‘休养’，怎么还能用笔？”[3]将此次放弃写作归因于居住条件的不适宜，怕也有更令他心生挂碍的原因吧。

在青岛的沈从文，面对这个离开二十七年的地方，社会、环境和朋友都变动极大，在山东大学差不多已没有什么熟人，“海岸边每天总有大几千游人，和煮饺子一般的泡在水中，我荡来荡去，也见不到一个熟人。试想过远一些海边有些树林子地方去找找那些石头空地，到处都是房子，

1　张兆和：《1957年8月11日张兆和致沈从文》，见沈从文：《沈从文全集》（第20卷），太原：北岳文艺出版社，2002年，第183页。

2　对该事件的解释。

3　沈从文：《1957年8月中旬 致张兆和》，见沈从文：《沈从文全集》（第20卷），太原：北岳文艺出版社，2002年，第190页。

再也找不着了。公园中银杏树当时眼看到栽种，现在已高大荫人。我倒还像是依旧怀着一点童心，每天去海边看看海。”[1]在报纸上总能看到一些熟悉的名字，丁玲、萧乾、彭子冈、陈梦家、徐铸成，点名、批判、交代问题。这一年，“整风运动”时也有人动员沈从文大胆发言，他始终不赞成文人从政，没有发言，也没有发表过时论文章，幸免此劫。在青岛写的那短篇小说，以当下玩扑克的风气为主题，由于第一位读者张兆和的批评并没有拿出去发表。

8 月 20 日致张兆和的信末，沈从文写道：“选集序，我想如果不发表，就不用好。书中那篇，如来得及我也想抽去。我怕麻烦。”[2]

人难成，而易毁。“因此一来，现在又变成了半瓶醋的文物专家。而且有欲罢不能情形。聊以解嘲，也可用古人说‘失之东隅，收之桑榆’自慰。若又因此出毛病，那就真是天知道是怎么办才好了。”[3]

1949 年后，当写作变成一种公共行为，作家的创作以及作品的发表都要适应时代的需要和满足斗争的需要，在文坛秩序重建的时期，沈从文如履薄冰。

1　沈从文：《1957 年 8 月 22 日复沈云麓》，见沈从文：《沈从文全集》（第 20 卷），太原：北岳文艺出版社，2002 年，第 193 页。

2　沈从文：《1957 年 8 月 20 日致张兆和》，见沈从文：《沈从文全集》（第 20 卷），太原：北岳文艺出版社，2002 年，第 192 页。

3　沈从文：《1957 年 8 月 22 日复沈云麓》，见沈从文：《沈从文全集》（第 20 卷），太原：北岳文艺出版社，2002 年，第 197 页。

8月27日，沈从文离开青岛，结束了中华人民共和国成立后的第一次休养。

不知道张兆和在信里写的要他在青岛捡一点好看的小贝壳和小石子带回北京，他有没有做到，那年冬天家里的水仙花是不是压上了海边的小石子。

回北京后，还是在故宫和历史博物馆前后两边跑，还是那些坛坛罐罐、花花草草。

10月，人民文学出版社出版《沈从文小说选集》。二十多年过去了，"我和我的读者，都共同将近老去了……"[1]

1 沈从文：《〈沈从文小说选集〉题记》，《沈从文全集》（第16卷），太原：北岳文艺出版社，2002年，第377页。

第十三章　樱花第几桥

1. 远处水云在有无间

1957 年的冬天，北京似乎格外冷，落了几回大雪。许多熟人都成了右派，沈从文有时不免产生错觉，是不是自己也被划为了右派。

最让人意外的是，长子沈龙朱在北京工业学院读大四，不仅入了党，还担任班级团支部书记，却被划为右派分子，并因此开除党籍、学籍，转做钳工学徒工，二十二年后才彻底摘掉“右派”帽子，那一年他已经四十五岁了。

1959 年 1 月 8 日，沈从文依旧是故宫和历史博物馆两边跑，总有事情可做。当天在故宫他陪着大约三十个美术专业的学生看了一天的绸缎和陶瓷，满是疲惫，但是觉得对学生们有益。回家看看报纸，才知道这一天是农历十一月二十九日，是他五十八岁的生日。大致只有大哥和大姐还能想起这一天。家中无人，他就独自坐下来听贝多芬第九交响乐，声音欢乐而又清净。又想起三十多年前的一个生日，也是在北京过的，天气极冷，只穿一件夹衫，黄昏中从宣武门内图书馆走出，走到西单附近，那时的他一文不名，奇怪的是在这种困难的情形下，也不觉得什么叫“难受”。“更离奇处也许还是现在又像是在一种孤独中存在。并家中人也似乎不怎么相熟。由于工作，接触面虽相当广，可像是没有一个真正知道我在为什么努力的人。我依旧并不难受，就那么无事忙工作下去，存在下去。忙的全是别人事情，学的又似乎永远不算是学问。”[1]

在历史博物馆工作已有十年。十年来做职员，一天上下班四次，得来回换车八次，每天大约即有两小时在车中挤去，总是头昏昏的，黄昏过马路时，还得担心被车撞到。[2]在任何环境中都不免有孤独感。

1959 年，也是中华人民共和国成立十周年，全国上下一派热闹。张兆和忙于义务劳动，许多作家编辑都同在一处抬砖搬木头。为向中华人民共和国成立十周年大庆献礼，北京十大建筑相继落成，历史博物馆新馆也是其中之一，坐落在天安门广场东侧，更名为中国历史博物馆。从搬迁到陈列布置，沈从文参与了繁杂的具体工作。这一年，沈从文的大部分精力都用在天安门前的这一处重点建筑上面了。

1960 年年初的时候，他准备写张兆和堂兄张鼎和的长篇传记体小说，这个计划他前前后后筹备了很多年，他打算这一次务必用一年的时间写完初稿。这一年的另一个计

1　沈从文：《1959 年 1 月 8 日致沈云麓》，见沈从文：《沈从文全集》（第 20 卷），太原：北岳文艺出版社，2002 年，第 285 页。

2　沈从文：《1959 年 1 月 8 日致沈云麓》，见沈从文：《沈从文全集》（第 20 卷），太原：北岳文艺出版社，2002 年，第 286 页。

划是筹备《中国服饰资料》。同时投入了这两大任务，想要趁着体力还来得及，把工作尽快做完。

传记体小说的工作他收集了很多素材，但是写作的计划却未能成行。中国服饰史的研究，浩渺宏大，只开了头。

七、八月间，第三次中国文学艺术工作者代表大会召开，沈从文第一次以作家的身份出席。

1959 年至 1961 年，由于"大跃进"运动以及牺牲农业发展工业的政策导致全国性的粮食短缺和饥荒，成为三年自然灾害时期。1960 年前后，九妹沈岳萌在沅陵农村死于饥饿和疾病。九妹从小便跟着沈从文生活，也泡在哥哥的生活圈子里，从教授、作家到文学青年，从上海、青岛到北平，"她认真和不认真地读了一些书，跳跃式地吸收从家中来往的人中获得的系统不一的知识和立场不一的思想。……一时有所悟，一时又有所失，困扰在一种奇特的美丽的不安中。……她一天天地长大，成熟，有爱，却无所依归。"[1] 关于感情生活，她抓住的少，失落的多。抗战后，九妹随张兆和一路到云南，直到 1945 年。抗战隔断了她与往昔生活的关联，新的动荡增加了她的不安和恐惧。青春岁月和感情生活都几经蹉跎，后来沉迷宗教竟至无法自拔，导致精神分裂，不得不护送回大哥身边。回到家乡的九妹，与当地农民结婚。她死后就葬在

1　黄永玉：《沈从文与我》，长沙：湖南美术出版社，2015 年，第 69 页。

了河滩边。

沈家九妹就这样去了。沈从文的痛心，深入骨髓，无法言说。

当年跟随沈从文与张兆和生活的两位美好女子，九妹已玉殒，张家四妹在1949年与傅汉思赴美后，杳无音信。每当回首处，总觉恍如隔世。

1962年4月10日，沈家意外收到了张充和的来信。已是十三年，不知去往。沈从文在回信里写，过去的老朋友都好，只是年轻的也已经过了六十岁。“北京日来已开玉兰，中南海边杨柳如丝，公园中有兰花也极好。我们一家文娱，主要是古典音乐唱片，一般多苏联的。”[1]

中国服饰研究也获得了意外的进展，1963年冬，周恩来总理谈起历史题材古装戏与历史事实不符，很多国家都有服装博物馆、有服装史，但中国还没有。总理问起中国有没有人在研究，能不能编印一本历代服装图录，可作为送国宾的礼物？在场的文化部副部长齐燕铭推荐了沈从文。于是，曾经缺人、缺团队的工作顺利全面展开，并确定了配合工作的多方人员，由博物馆调配美术组陈大章、李之檀、范曾等负责图像描绘。定名《中国古代服饰资料》，计划在1964年10月前出版，作为向中华人民共和国成立十五周年献礼的成果。

1 沈从文：《1962年4月11日复张充和》，见沈从文：《沈从文全集》（第21卷），太原：北岳文艺出版社，2002年，第194页。

1964 年，《中国古代服饰资料》完稿，康生题写书名，郭沫若作序。但是，由于政治形势变化，并未能按计划出版，书稿被搁置，并且这一搁置就是十七年。

2. 无从驯服的斑马

1966 年 5 月，“文化大革命”在全国范围内全面发动。当月，沈从文在写给邵洵美的信中，深念旧友。昔年故旧，多成古人。“半年来日读报刊，新事新闻日多，更不免惊心动魄，并时怀如履薄冰惶恐感。在此‘文化大革命’动荡中，成浮沫沉滓，意中事也。”[1]

在“文化大革命”初期沈从文成为批判对象，挨批斗之余，每天打扫博物馆里的女厕所，也有些拔草的劳动，时常看着天安门广场上人来人往的景象发呆。

次子沈虎雏夫妇随企业内迁去四川自贡，孙女沈红只有一岁多。

抄家是难免的，原来在东堂子胡同的三间宿舍也被压缩为一间，另两间分给了工人住。那位工人搬进了沈从文靠东边的两间房子，房内的书籍、杂物和部分家具被搬出，堆放在院子里和台阶上。劝说邻居各家将家具搬走使用，藏书就只有卖了废品。

1　沈从文：《1966 年 5 月 16 日复邵洵美》，见沈从文：《沈从文全集》（第 22 卷），太原：北岳文艺出版社，2002 年，第 16 页。

东堂子胡同的博物馆宿舍，就只剩下两位老人，一间屋子，工资也被扣发，只每月按人口领取少量生活费。

北京下放的人越来越多，似乎每天都有人离开。1969年，终于轮到了张兆和。9月初，接到通知，六十岁的张兆和将在月内下放到湖北咸宁文化部五七干校。长日心痛，“是否还能见到，即不得而知了。”[1]这一走，不知道什么时候才能回来。9月26日，张兆和离开北京，从永定门站乘专车去咸宁。沈从文由于高血压、心脏病，毫无办法，没有去送行。

同年11月，连襟周有光虽然患有诸多疾病，也同样被下放到了宁夏贺兰山口。

11月17日，博物馆召开老、弱、病职工下干校动员会，约十八人限月底离开北京。沈从文是其中之一，成为博物馆首批下放到文化部五七干校的人员。“时间如此匆促，心不免乱些。”[2]此去经年，“大致将老死新地。”[3]

动员会时有十八人，待到上车时发现真正去的仅有五家，算上家属只十多人。来北京已整整四十八年，回想来时种种，还如昨日事情。

庆幸的是，可以和张兆和团聚了。

---

1 沈从文：《1969年9月12日复张宗和》，见沈从文：《沈从文全集》（第22卷），太原：北岳文艺出版社，2002年，第163页。

2 沈从文：《1969年11月20日致张兆和》，见沈从文：《沈从文全集》（第22卷），太原：北岳文艺出版社，2002年，第232页。

3 沈从文：《1969年11月11日致沈虎雏》，见沈从文：《沈从文全集》（第22卷），太原：北岳文艺出版社，2002年，第234页。

到了咸宁干校接待站，行李也运到卸下后，才得知榜上无名。在岁暮严冬雨雪霏微中，在进退失据的情形下，沈从文只能蹲在毫无遮蔽的空地上，守着行李堆等待了四个小时。临近黄昏时搭上运行李的卡车去到30里外，暂时借住到452高地故宫人员宿舍，才算解决了食宿问题。452高地离张兆和所在的“向阳区”干校连队有五六里，虽不远，但是见面也并不容易。

这一年，他已年近七十，素丝已盈头，只能用“既来之，则安之”的话自我安慰，便如此这般过了一个新年。

1970年4月18日，大哥沈云麓在凤凰病逝。沈从文写给大哥的最后一封信和新写的诗《大湖景》寄到时，大哥已入土三日，信和诗就在坟前焚烧了。

《中国古代服饰资料》的书稿，因为抄查、焚毁大都不存了。在干校漏雨的棚子里，沈从文在杂志的空白处，就这样凭着记忆完善补充材料。

1972年2月，沈从文获准请假回京治病，但是回到北京后发现这座被称作家的城市，他竟无处落脚，东堂子胡同那仅剩的一间房也已经在他们下放时被人占了去。沈从文回来后，人虽然不住了，东西却还不肯搬走，他就在横可走三步、纵可走六七步的半间房中铺开了文稿、材料、图录和卡片，继续《中国古代服饰资料》的写作。

8月24日，六十二岁的张兆和退休从干校回到北京。张兆和所隶属的作家协会，在小羊宜宾胡同分给她19平方米的宿舍，距离东堂子胡同约两里。晚年的两个人，不得不分开居住。每天中午，沈从文步行前往小羊宜宾胡同吃午饭，他提着一个南方的带盖的竹篮子，吃完再带回晚饭和第二天的早饭。天天两边跑，成为他延续数年的生活方式。

带饭这件事，如果是夏天，屋子闷热，两顿饭很容易变质，沈从文笑谈如何保存食物的办法，就是他先吃两片消炎药。

1973 年 5 月，七十一岁的沈从文完稿《中国古代服饰资料》并正式上交。11 月，他的管理关系才正式由五七干校转回博物馆，相应的户口和供应关系也转回到了北京。他急切地希望尽快展开工作，副馆长陈乔通知他来馆面谈，他原本以为必有大事情商议，到了之后才知道只是告诉他关系已转回，这件拖了两年才办成的事，仅需要博物馆出一份通知就能办成，如今办成了，也无法产生更多的兴奋和欢喜。沈从文关注的是千头万绪待整理的工作，但是陈乔表示要他慢慢地研究。

11 月 20 日，沈从文给博物馆正副两位馆长杨振亚、陈乔写了一封长信，列出了家具发展史、丝绸应用发展史、玻璃发展史等十五个专门史研究，“盼两位领导能实事求是，让我来为国家赶赶工作吧。……至于别的什么安排，不必考虑。至多让我住处能把一点点剩余工具书容纳得下，就感谢万千！”[1]

1 沈从文：《1973 年 11 月 20 日致杨振亚、陈乔》，见沈从文：《沈从文全集》（第 23 卷），太原：北岳文艺出版社，2002 年，第 427—428 页。

这封信并没有收到回应，不仅如此，半年前送上的书稿也无回复。于是，12月7日，沈从文再次致信杨振亚，“大几月前，送陈《服饰资料说明草稿》，闻至今尚搁在你处。”[1]由于仅有一份手稿，盼望馆长尽早退还，好争取时间重抄一份提交，自己手头也可保留一份以便于随时附加内容。“我可用时间已有限。从馆中近一月三同志忽然辞世即可知。”[2]在博物馆二十五年，“几乎全部生命，都在废寝忘食地用在这样或那样常识积累上面”。这二十五年来，放弃了当“空头作家”，用作家名分，常年在各国飞来飞去，享受友好国家的隆重款待，享尽人间热闹；这二十五年来，放弃一切个人生活得失上的打算，用“普通一兵”的工作态度在午门楼上做了十年说明员；这二十五年来，“凡事从无到有，在零下二十度的冬天，去午门楼上灰尘扑扑的库房中作文物登记，在陈列室中做说明员，反倒心安理得。”[3]

“馆长，你明白这个十年，我是用一种什么心情来爱党和国家，你就理解一个七十二岁的人，和你第一次谈话中流泪的原因了！”[4]而今，年岁也快到“大块息我以死”

1　沈从文：《1973年12月7日致杨振亚》，见沈从文：《沈从文全集》（第23卷），太原：北岳文艺出版社，2002年，第474页。

2　沈从文：《1973年12月7日致杨振亚》，见沈从文：《沈从文全集》（第23卷），太原：北岳文艺出版社，2002年，第475页。

3　沈从文：《1973年12月7日致杨振亚》，见沈从文：《沈从文全集》（第23卷），太原：北岳文艺出版社，2002年，第477页。

4　沈从文：《1973年12月7日致杨振亚》，见沈从文：《沈从文全集》（第23卷），太原：北岳文艺出版社，2002年，第477—478页。

的前夕，诸多工作却无进展，无人协作，无人重视，推动无力，不免悲愤，“无人奏手，无可奈何，一切只有交付于天！”[1]

痛心疾首的信送出去后，研究状况并没有因此得到改善。他却依然投入到忘我的工作中去，忘了吃饭、睡觉、洗漱，忘了生活中的琐碎事情。张兆和担心他的身体，两人因此出现了一些矛盾，沈从文写了万言长信，万望小妈妈不要生他的气。“能这么把全部生命，放到工作上去，相熟人中，能有几个有那么好的机会！你怎么不这么来认识我们共同生活得到你的鼓舞方面的大处好处，却总还停顿到极其一般生活要求上，小至于忘了洗脸、理发，也居然会生气不快乐？忘了吃顿饭，又算什么？”[2]

“我正在恢复我的工作能力过程中，还要从你对我工作意义的理解，来关心它种种进展情形，才可望保持或更加强工作能力和信心。这比三月不理发重要得多！”[3]

张兆和的担心和管束是应有的，此时的沈从文身体向来不好，除了流鼻血的老毛病，近些年来血压高、眼疾久治不去，医生嘱咐不看书不看报，多休息，他有忙不完的事，根本做不到。长信与其说是请求张兆和的原谅，不如说是

1　沈从文：《1973 年 12 月 7 日致杨振亚》，见沈从文：《沈从文全集》（第 23 卷），太原：北岳文艺出版社，2002 年，第 480 页。

2　沈从文：《1974 年 2 月致张兆和》，见沈从文：《沈从文全集》（第 23 卷），太原：北岳文艺出版社，2002 年，第 56—57 页。

3　沈从文：《1974 年 2 月致张兆和》，见沈从文：《沈从文全集》（第 23 卷），太原：北岳文艺出版社，2002 年，第 62 页。

对张兆和的说服。你说的是对的，语重心长，并值得铭刻在心上，但是我有我固执的理由，并执拗地坚持下去。

“就我性格的必然，应付任何困难，一贯是沉默接受，既不灰心丧气，也不呻吟哀叹，只是因此，真像奇迹一般，还是依然活下来了。体制上虽然相当脆弱，性情上却随和中见板质，近于‘顽固不化’的无从驯服的斑马。年龄老朽已到随时可以报废情形，心情上却还始终保留一种婴儿状态。”[1]

3. 喜新晴

1976 年 1 月 8 日，周恩来逝世。沈从文参加了遗体告别仪式，服饰史研究工作的支柱已经失去了，极度悲痛。

每天赶工作、求进度，却依然没有帮手。与帮他反映住房困难、争取改善工作生活条件的人，起了争执。他不知道这一切好意或有心，最后会被解释为什么，会不会在“反击右倾翻案风”升温的时代背景下被盖上新的帽子，在经历了各种运动的风云变幻之后，他忧虑重重。

这年 7 月，天气异常闷热，晚上有时关了灯房间依然很亮。28 日，距北京不到 200 公里的唐山发生大地震。张兆和居住的小羊宜宾胡同正屋山墙部分倒塌，为担心余震

1　沈从文：《无从驯服的斑马》，见沈从文：《沈从文全集》（第 27 卷），太原：北岳文艺出版社，2002 年，第 379 页。

住进了临时搭建的帐篷。8 月 3 日，亲友们将沈从文、张兆和及两个孙女送到苏州避难。这一走，又是半年多，再次回到北京时是 1977 年 2 月 15 日，农历十二月二八日。七十五岁的沈从文，就在小羊宜宾胡同宿舍，在打扫卫生、感冒和流鼻血中迎来了新年。

沈从文与张兆和，已相对白头。

再单独居住有太多的不方便和不安全，于是沈从文与张兆和共同住到了小羊宜宾胡同。家中仅有的、能放开的一张书桌他和妻子轮流用，张兆和上午 3 点起床，6 点出门上街取牛奶，桌子让给沈从文用。下午他休息，桌子再由她用到下午六点。天气好的时候他也常常搬个小桌子在屋外的月季花旁看稿件写文章。张兆和几乎已成花农，在院子里种了很多种类的花，估计明年每天都能有三四十多朵花开放。

沈从文的日常研究资料都在东堂子胡同，有诸多的不方便。工作效率已经下降到惊人程度，衰退感从各方面都可明显看得出来。“生活虽寂寞，究竟还安定，在近廿五年日子过得还平静，就是大幸运！”[1]

有时不免悲从中来，“因为廿年来，得到最高党的领导的‘信任’与‘鼓励’以外，还得到多方面通知的信任和鼓励，以为在某些方面，由于工作方法还对头，工作态

1　沈从文：《1977 年 9 月致沈虎雏、张之佩等》，见沈从文：《沈从文全集》（第 25 卷），太原：北岳文艺出版社，2002 年，第 138 页。

度也还扎实，只是却很少人明白进行工作的实际是如何困难。而且还照例是种种努力积累得来的点滴成果，末了终于近于命定的为倏然而来人事风雨毁尽。在动荡后，又恢复收拾破碎，重起炉灶继续下去。可是在反复中虽还坚持不改图，人究竟已到了七十五六，可用生命究竟有限，每次看到小小工作室中的乱稿堆积，实不免感慨系之！”[1]

这年年底，他又回到了东堂子胡同，恢复一人独住、每天往返吃饭的生活状态。

1978 年 3 月，中国社会科学院新任院长胡乔木提出调沈从文到社科院，促使他完成中国服饰史的研究。4 月，沈从文正式报到，职称由副研究员晋升为研究员，也就彻底结束了与历史博物馆的关联。他走后，再也没有回到过那个待了二十多年的大建筑物里。

1953 年，时任文化部副部长、中共中央宣传部副部长等职的胡乔木曾写信给沈从文，希望他能够重新开始文学创作，并愿意为此安排。但是，沈从文对这充满好意的来信，踌躇不已，长期未答复。正式办好调动手续之后的 1978 年 5 月，沈从文给胡乔木回了一封长信，是一封晚了二十五年的回信。

1978 年 8 月，张充和在分别 30 年后首次从美国回来探亲，已是耶鲁大学教授的傅汉思，以美国汉代研究考察团副团长的身份访华。这次亲友重逢，隔了漫长的时光，

1　沈从文：《1977 年 6 月中旬致宋伯胤》，见沈从文：《沈从文全集》（第 25 卷），太原：北岳文艺出版社，2002 年，第 82 页。

沈从文无论聊起什么，总归根到文物考古方面去。“他谈得生动，快乐，一切死的材料，经他一说便活了，便有感情了。这种触类旁通，以诗书史籍与文物互证，富于想象，又敢于用想象，是得力于他写小说的结果。他说他不想再写小说，实际上他哪有工夫去写！有人说不写小说，太可惜！我认为他如不写文物考古方面，那才可惜！”[1]

1979年年初，长子龙朱1957年被划为“右派”的问题，终于得到平反，这时他已经当了二十多年的钳工。

旧事成尘，不意转眼即二三十年。

“社会在近廿年剧烈变化中，大多数旧同事、老同行，在政治运动形成的大漩涡中，多于倏忽间成为古人。”想到自己，长年在坛坛罐罐、花花朵朵间转，“生活虽过得比较寂寞，但一方面也就比较平静。”[2]

正如沈从文在自剖里写的：“一生忧患多，挫折多，十分胆小怕事。”[3]在社会变迁中，转徙流离，因为适应环境中的新变化，他幸而相对安全地活了下来。

他的作品被骂了五十年，付之一炬也已有三十年，并不觉得灰心丧气。在大学的文学课上、在教材里、在研究

1　张充和：《三姐夫沈二哥》，见张充和：《小园即事：张充和雅文小集》，桂林：广西师范大学出版社，2014年，第243页。

2　沈从文：《1980年1月15日复柯原》，见沈从文：《沈从文全集》（第26卷），太原：北岳文艺出版社，2002年，第12页。

3　沈从文：《自剖提纲》，见沈从文：《沈从文全集》（第27卷），太原：北岳文艺出版社，2002年，第383页。

中，骂沈从文的人，很多都无从读过他的作品，就对一个臆想中的作家作品，付出了精心的批驳，想想他们的无知，也就值得原谅了。

关于《中国古代服饰资料》的出版问题，出版单位几经变动，却迟迟不能付印。1980年，沈从文将稿件交至社科院科研局，最终确定由商务印书馆香港分馆出版，书名定为《中国古代服饰研究》。1月，商务印书馆香港分馆负责人李祖泽到小羊宜宾胡同拜访，但是家中只有一张藤椅可落座，主客皆推让，不愿独坐，于是两人站在院中畅谈，那天的北京下着大雪，就任由雪花飘落在身上。

到中国社科院后，历史所特别为沈从文成立了工作小组，在工作计划中，也做了特别经费的划拨，可以自选合作助手，“新分配一个住处，共只大小三间，总共卅六平方米，名分上一切新设备齐全，事实上近似放大玩具微型式，根本无办法把应用书摊开。唯一好处即卅年来，三姐算是有了个十一平方米单用房间。”[1]新住处在北京前门东大街三号507号，是社科院宿舍，不仅资料依然无法摊开来，而且也没有清静的环境，房子面对主要大街，日夜车辆经过，在强噪声环境下，他常感精神疲惫。

1980年元宵节，因为此前收到傅汉思、张充和邀请沈从文、张兆和赴美的信，沈从文回信说去美国的事，不敢

1　沈从文：《1980年3月3日致傅汉思、张充和》，见沈从文：《沈从文全集》（第26卷），太原：北岳文艺出版社，2002年，第46页。

设想。倒是想过，“正在付印的《服饰资料》，还像本书，若秋天可出版，十多万说明文字，能得一笔钱，如足够三姐来回路费，希望能照你前信所说，尽她和二姐一道来和你们住几十天，你的家里可以大大热闹一阵。至于我被邀来，恐永远派不到我头上。”[1]

3月，傅汉思约同耶鲁中国小说史教授高辛勇、中国历史教授余英时、美术馆东方艺术部主任倪密，四人联合邀请沈从文至耶鲁大学参观访问。同一信稿曾打印两份，一份寄给了沈从文的老友、斯坦福大学数学教授钟开莱，一份给了社会科学院。沈从文回信说，愿意前往。在几经协调之后，由社科院承担来回路费，半年后的10月27日晚上，沈从文与张兆和到达纽约肯尼迪机场。“有这样两个亲人从万里外来到我们康州家中，正是实现了我们三十二年来的梦想。”[2]

旧事倏忽三十年。

4. 著书老去为抒情

在美国，沈从文先后在15所高等学府作了23场演说，谈文学、谈文物研究，也谈过去三五十年的经历。在美国

1　沈从文：《1980年3月3日致傅汉思、张充和》，见沈从文：《沈从文全集》（第26卷），太原：北岳文艺出版社，2002年，第46页。

2　傅汉思：《初识沈从文》，见张充和：《小园即事：张充和雅文小集》，桂林：广西师范大学出版社，2014年，第249页。

圣若望大学的讲演《从新文学转到历史文物》，海外朋友为他不再写小说而惋惜，他认为事实上并不值得惋惜。“因为社会变动太大，我今天之所以有机会在这里与各位谈这些故事，就证明了我并不因为社会变动而丧气。社会变动是必然的现象。……在中国近三十年的剧烈变动情况中，我许多很好很有成就的旧同行、老同事，都因为来不及适应这个环境中的新变化成了古人。我现在居然能在这里很快乐的和各位谈谈这些事情，证明我在适应环境上，至少作了一个健康的选择，并不是消极的退隐。”[1]

这一年，自他作为一个“乡下人”进入大城市已整整六十年，“这六十年的社会变化，知识分子得到的苦难，我也总有机会，不多不少摊派到个人头上一份。工作上的痛苦挣扎，更可说是经过令人难于设想的一个过来人”。[2]

童稚转盛年，盛年转成尘。

在美国，见了家人、朋友、学生，还有过去的读者，谈论的事情都是回忆，仿佛又回到了过去的岁月。

1981 年 1 月 24 日，沈从文结束了美国东部的活动。在离开前，沈从文、张兆和在傅汉思、张充和家宴请朋友，到场三十人，济济一堂。还有《江青传》作者夫妇，相谈甚久。

2 月 17 日，按计划路线完成访美活动，回到北京。

1　沈从文：《从新文学转到历史文物》，见沈从文：《沈从文全集》（第 12 卷），太原：北岳文艺出版社，2002 年，第 389 页。

2　沈从文：《无从驯服的斑马》，见沈从文：《沈从文全集》（第 27 卷），太原：北岳文艺出版社，2002 年，第 379 页。

9月，《中国古代服饰研究》由商务印书馆香港分馆出版，从完稿时算起，这部书的出版已经历了曲折十七年。

1981年年底，沈从文的大量旧作开始出版，审校、核定版本等工作大都是由张兆和来完成的。她“十分天真而认真地一字一句”校对稿件，删掉“粗野”的字句，“犯时忌”的论调，容易误解的地方更是必要删去，不合文法处一一整理，张兆和从编辑的角度为这些琐碎的事情日夜忙得头昏眼花，但在沈从文看来却意义不大。首先是删掉了那些“问题”，作品被打磨得毫无棱角，原有的特征好像也失去了，原有的好处也消失无余。并且“这些过时作品的重印，至多只能起些点缀作用，即点缀也不会多久，至多三几年就将成为陈迹，为它如此费心，实在不必要”。[1]

但是张兆和依然严谨却不被理解地为这些旧做校改。

1983年3月初，沈从文出现脑血栓前兆，4月病情加重，住进首都医院，因脑血栓形成，左侧偏瘫，住院两个月。

6月29日，中央组织部行文，决定按部长级待遇解决了沈从文的工资、住房等其他各方面问题。

1986年，沈从文搬进了崇文门东大街22号楼的新居。他有了宽大安静的房间，终于可以摊开资料了，但是他却已经没有能力做研究了。生活依靠张兆和照顾，写文章和信件，也只能口述，由张兆和笔录。

1　沈从文：《1982年2月复徐盈》，见沈从文：《沈从文全集》（第26卷），太原：北岳文艺出版社，2002年，第377页。

沈从文老了。

常常一个人一坐就是半天，静静地、默默地看着窗外的四季，停留在过去的风景里。

1988 年 5 月 10 日下午，心脏病发作。他握着张兆和的手，害怕她离开，他最后说的话是："三姐，我对不起你。"

晚 8 点 30 分，沈从文在家中逝世，不惊动任何人悄悄地离开了人世。

1992 年，凤凰县为沈从文在听涛山下安置了墓地，面对沱江长流水。5 月 10 日，沈从文的骨灰一半洒入绕城而过的沱江，另一半埋入土中。

墓碑正面是沈从文的手迹，分行镌刻《抽象的抒情》题记里的话：

照我思索
能理解"我"
照我思索
可认识"人"

背面是张充和撰写的碑文：

不折不从　亦慈亦让
星斗其文　赤子其人

沈从文走后，张兆和投入到整理遗稿的浩繁工作中，种花和编辑《沈从文全集》成为她晚年的头等大事。收集审校他各种版本的著作，并从故纸堆里翻阅他的遗作，哪怕是零散的、有头无尾的文字，她都一一收集整理。

1996 年，《从文家书——从文兆和书信选》由上海远东出版社出版发行，由张兆和下写后记。“六十多年过去了，面对书桌上这几组文字，校阅后，我不知道是在梦中还是在翻阅别人的故事。经历荒诞离奇，但又极为平常，是我们这一代知识分子多多少少必须经历的生活。有微笑，有痛楚；有恬适，有愤慨；有欢乐，也有撕心裂肺的难言之苦。从文同我相处，这一生，究竟是幸福还是不幸？得不到回答。我不理解他，不完全理解他，后来逐渐有了些理解，但是，真正懂得他的为人，懂得他一生所承受的重压，是在整理编选他遗稿的现在。过去不知道的，现在知道了；过去不明白的，现在明白了。他不是完人，却是个稀有的善良的人。对人无机心，爱祖国，爱人民，助人为乐，为而不有，质实素朴，对万汇百物充满感情。”[1]

2002 年，沈从文百年诞辰，在这年 12 月，《沈从文全集》三十二卷出版，主编是张兆和。全集出版两个多月后的 2003 年 2 月 16 日，张兆和去世，享年九十三岁。

1　沈从文、张兆和著，沈虎雏编选：《从文家书——从文兆和书信选》，上海：上海远东出版社，1996 年，第 319 页。

1923 年，那一年的张兆和十三岁，在苏州寿宁弄八号的家中，有水阁凉亭，假山花草，粉墙黛瓦，白日放歌。张兆和写过一首《游镇江北固山》：

春风吹绿到天涯，遥望姑苏不见家。
西下夕阳东逝水，教人哪不惜芳华。[1]

1　张允和口述，叶稚珊编撰：《张家旧事》，北京：生活·读书·新知三联书店，2014 年，第 105 页。